「心のしくみ」を読み解く

ビジュアル

心理学図鑑

PSYCHOLOGY
ILLUSTRATED BOOK

エレーヌ・フレネル 著
ソフィー・デラ・コルテ イラスト
齊藤勇 監修
檜垣裕美 翻訳

日本文芸社

はじめに

「心理学」という言葉は、至るところにあふれています。病院やクリニック、診療所では、心理学に対するニーズが高まっています。また、メディアや日々の会話の中でも、心理学用語の占める割合は増えています。「受動攻撃性」「強迫観念」「ナルシシズム」「心理的外傷」「レジリエンス」「(現実）否認」「抑圧」「ストレス」「不安」「恐怖症」……これらは心理学、精神分析学、精神医学の世界でもともと使われていた言葉ですが、私たちはその本来の意味を知らないまま、これらの言葉を使っているのかもしれません。残念ながら間違って使われたり、他の概念と混同されたりすることも少なくありません。

「心理学」にまつわるさまざまな言葉の背後には、何世紀にもわたって積み重ねられてきた数えきれないほどの実験結果や法則、方法論が存在しています。これらは自然科学に分類されることもあれば人文科学に分類されることもあり、その両方にまたがることもあります。また、これらによって導かれる「正常」と「異常」の線引きも変化し続けています。

人間は魂のあり方について昔から関心をもっていたため、古くから研究者と治療者の間で論争となってきた概念も少なくありません。心理学の起源は19世紀といわれていますが、魂に対する関心は古代にまでさかのぼることができます。それぞれの時代にはそれぞれの理論や信念があったほか、時代ごとにその発展や衰退もありました。また、その時代に特有のさまざまな偏見、障害・病気というものも存在しました。19世紀末にヒステリーが流行したように、現代社会では「倒錯的自己愛」が猛威を振るっています。

そこで本書では、心という手に触れることのできないものを理解し、その苦しみを癒すための3000年以上にわたる努力の中で、私たちの精神疾患に対する考え方や治療がどのように展開してきたのかをわかりやすく説明していきたいと考えています。私たちの内面にある迷宮にわずかでも光を当てることができれば光栄です。

著者　エレーヌ・フレネル

今回、本書の監修をするにあたり、心理学の長い歴史について改めて顧みることができました。心のしくみを読み解き、心に起因する問題を解決するため、古代より多くの人が人の心という問題に取り組んで思考し、ときには実験や調査などを繰り返してきました。そのおかげで、心の性質や問題が生じたときの対応方法も徐々にわかってきました。心理学は、今日では、精神医学、脳科学などと連携し、多角的に研究されています。

昨今は、ストレス社会、未曾有の災害、感染症の拡大などにより、心の病にかかる人が増えています。研究が進み、心の病の分類は、細分化され、病気の診断も正確にされ、よりよい治療をすることが可能になってきています。

本書は、古代ギリシアの哲学者たちが心の考察をはじめたところから、フランスの精神医学の発展、現代の科学的心理学までの流れがわかりやすく解説されています。最後は感染症の拡大にともなって増加傾向にあるうつ病への向き合い方なども解説しています。古代から現在までの心について考えた人類の叡智と現代心理学への流れがこの本でわかりやすく解説されています。また、フランスの書籍ということもあり、心という捉え切れない対象を感覚に訴えるようなイラストでとてもアートに見せてくれています。色も鮮やかで、とかく重苦しくなってしまう心の問題を、色鮮やかに目で見て楽しめる本となっています。一部、フランスの細かな事情を割愛し、日本における心理学の話を追加いたしました。

この本を読んでくださった方々が、心理学についてより深く知ることができることを願います。

監修者　齊藤勇

CONTENTS

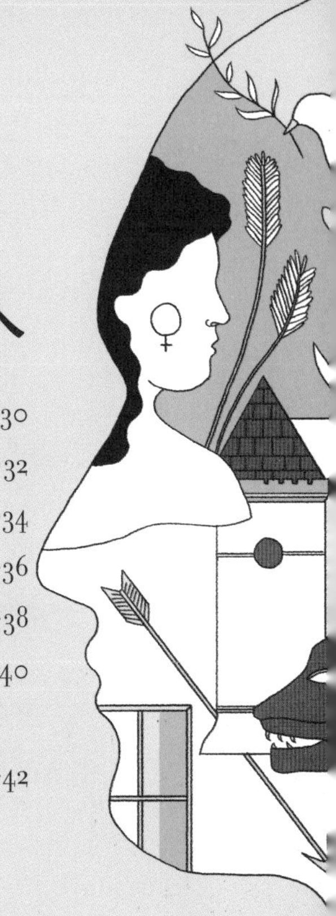

PART 2
精神の苦痛を取り除く方法 信仰から科学へ

PART 3
心理学の黄金時代
精神分析から現代療法まで

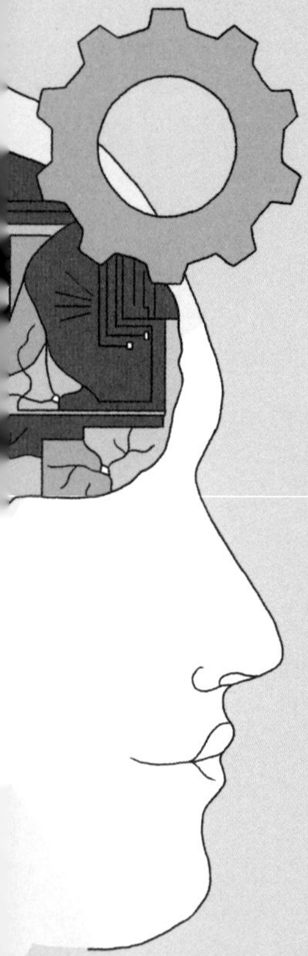

PART 4
現代社会が抱える心の問題

PART 5
これからの心理療法

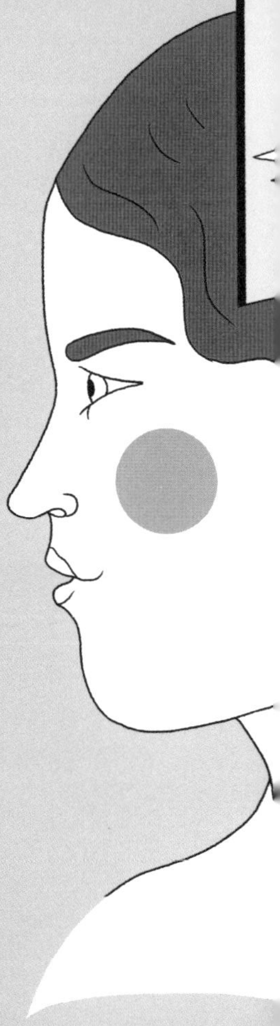

PSYCHOLOGY

INTRO

「心理学」の基本用語

「心理学」にはさまざまなイメージや心の働き、考え方が凝縮されています。まずは、人間の魂とその苦しみを探究する心理学をさらに理解しやすくする、基本的な用語を紹介します。

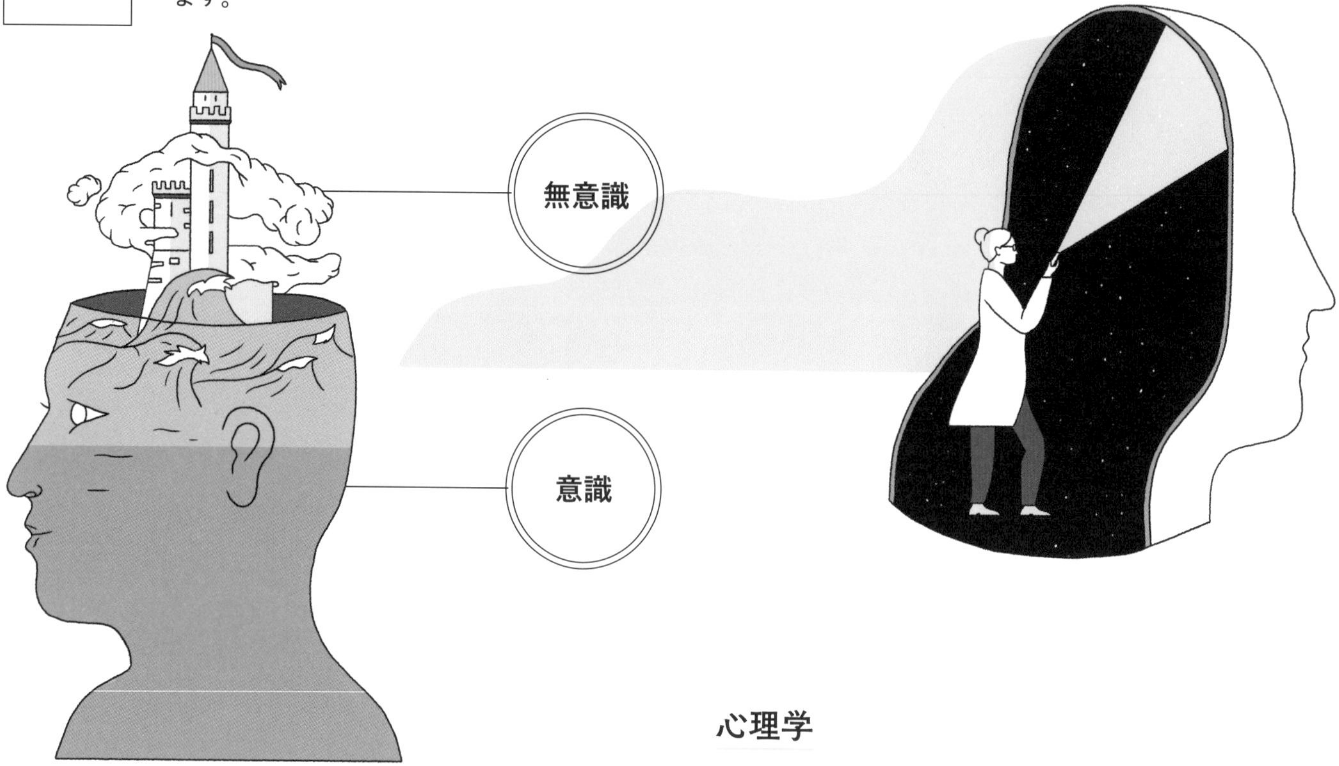

精神

心理現象とは、現実に行なわれている精神の活動を意味する言葉です。人の精神活動の起源は、完全な直立二足歩行を行ない、道具を作る原人が現れた約200万年前から300万年前と考えられています。

心理現象には、自分自身や環境、自他の行動に関する思考や判断、直感や認識といった「意識できるもの」と、私たちが内容を把握できないあらゆる心的な現象としての「無意識的なもの」が存在します。

心理学

心理学は、哲学に起源をもち、精神の活動を科学的、合理的に理解し、説明しようとする広大な学問です。心理学は英語ではpsychologyといいますが、その語源は「息」「魂」「精神」を意味するギリシャ語psukhê（プシュケー）と「論証」「理性」を意味するギリシャ語logos（ロゴス）が合わさったものだとされています。

心理学の中にはさまざまな考え方や理論、方法が含まれており、細かく分けると神経心理学、臨床心理学、精神分析学、発達心理学、社会心理学、労働心理学などの分野に分けることができます。

豆　知　識

「心理学」という言葉は、クロアチアの人文主義者マルコ・マルリッチ（1450年～1524年）が1517年頃に執筆した人間の魂に関する論文「人間性的理性心理学」の中で初めて登場したといわれています。

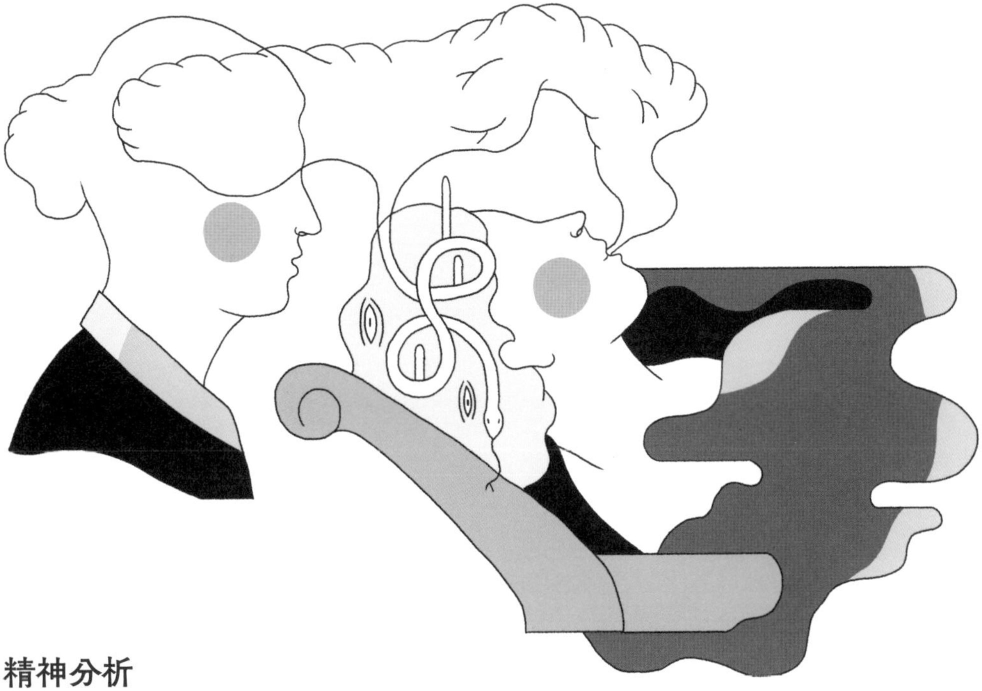

精神分析

精神分析とは、1896年にオーストリアのジークムント・フロイト（1856年～1939年）が創始した神経症の治療法ですが、それに基づく思想運動や学問全体を指すこともあります。

精神分析は会話を基礎とする治療法で、患者に思いついた考えを自由に語らせることで、その人の無意識の世界を探索します。精神分析において重視される「感情転移」という考え方は患者（被分析者）と精神分析家の間の感情的・権力的なつながりを示すものです。精神分析は、「無意識」の概念と、人間生活に占める「性の役割の重要性」という2つの基本原則を支柱としています。

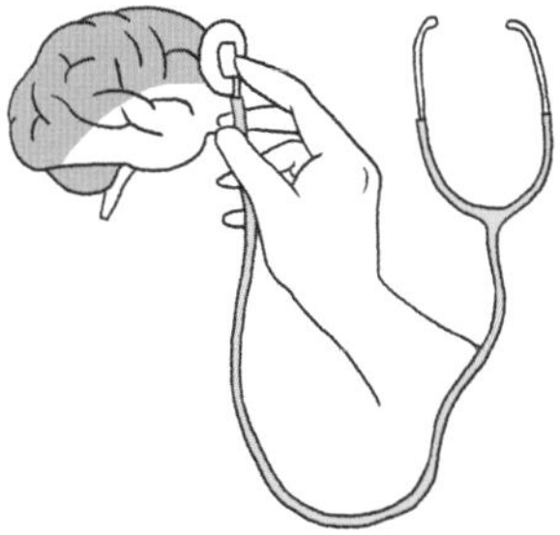

精神医学

精神医学は、精神疾患の治療を行なう医学の1分野であり、精神医学の基本は精神疾患の分類と治療です。その分類に基づいて精神科医は診断し、薬物療法を含むさまざまな治療法を提案します。精神医学は「苦しみの主体についての医学」であるという点で、他の医学分野とは異なる特別な分野であると、精神科医アンリ・エー（1900年～1977年）は語っています。

精神医学は患者の体や器官だけに着目するのではありません。社会的、文化的、心理的な側面から患者という1人の人間を総合的に扱うことが必要とされるのです。

PSYCHOLOGY

INTRO

心に関する４つの専門職

心が苦しいときには専門家に診てもらう必要がありますが、どの専門家に診てもらうのがよいのでしょうか。心理を専門とする職業はさまざまあり、さらにそれぞれの職業に関して教育機関があります。ここでは主な４つの専門職について、その教育機関、専門分野、治療方法を紹介しましょう。

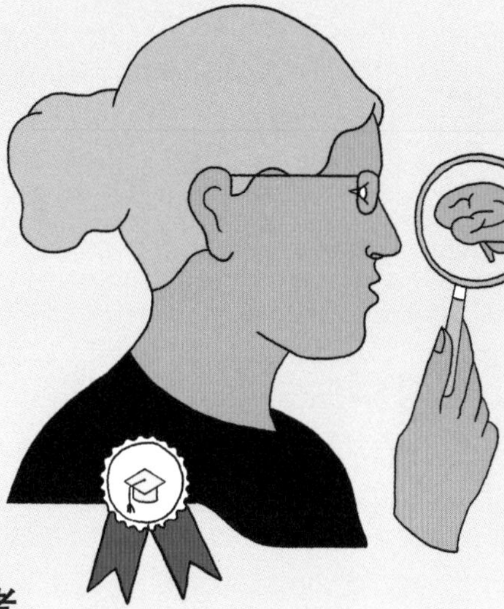

心理学者

日本では、大学で心理学の基礎を学び、修士課程に進み、明確な研究分野を確立していきます。

心理学は大きく、「基礎心理学」と「応用心理学」に分けられます。基礎心理学には、認知心理学、学習心理学、発達心理学、社会心理学などがあり、基礎的な研究をしています。応用心理学には、臨床心理学、犯罪心理学、産業心理学、教育心理学、災害心理学などがあり、実践的で実用的な分野の研究をしています。

心理学者になるには、公認心理師や臨床心理士の資格を取得しておくとよいでしょう。公認心理師は国家資格で臨床心理士は民間資格です。

精神科医

精神科医は医師なので、大学の医学部で６年間学んだ後に医師免許を取得し、２年間の研修を修了することが必要です。研修を終えた後、医局の精神科、市中病院の精神科などで後期研修を行ないます。

このような教育の過程で、精神科の知識を学び処方箋を書いて薬を処方し、心理療法を行なうスキルなどを身につけることになります。

精神科医は、それ以外にも精神分析、認知行動療法、催眠療法などさまざまな治療法の訓練も受けている場合があります。

精神分析家

精神分析家が特に関心をもっているのは、目に見えない心の部分で起こっている無意識のプロセスです。

一般的に、精神分析家になるには、日本精神分析協会における基準が規定されています。医学部卒業あるいは心理学などの大学院修士課程を修了していて、５年以上の臨床経験を積んでいること、協会が認定するセミナーを修了していることなどの細かな規定があります。自己分析に加えて、読書、セミナーや大学の講義への出席などといったかたちでさらに理論的な学習をすることや、経験豊かな精神分析家から指導を受けることもあります。

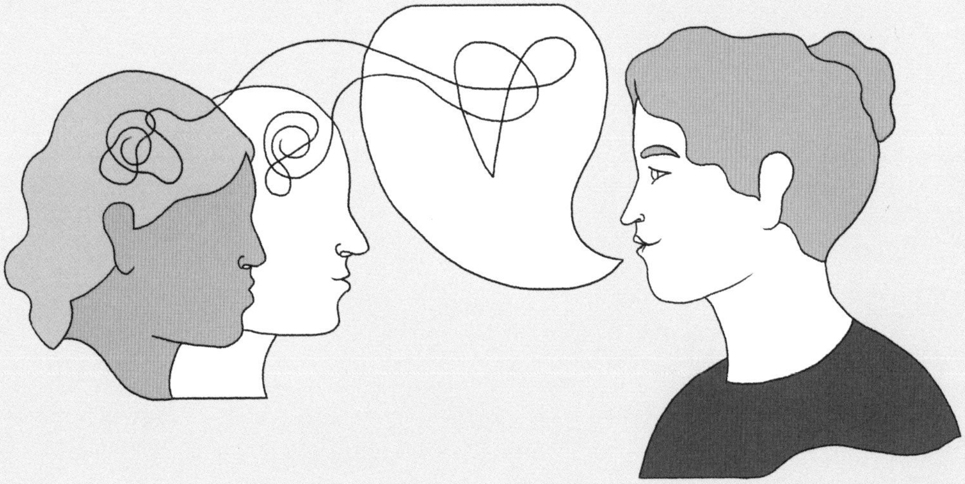

心理療法士

心理療法士は、心にストレスや問題を抱えている人のサポートを行ないます。カウンセリングなどにより、悩みやストレスを聞き、ケアやサポートをします。

PSYCHOLOGY COLUMN

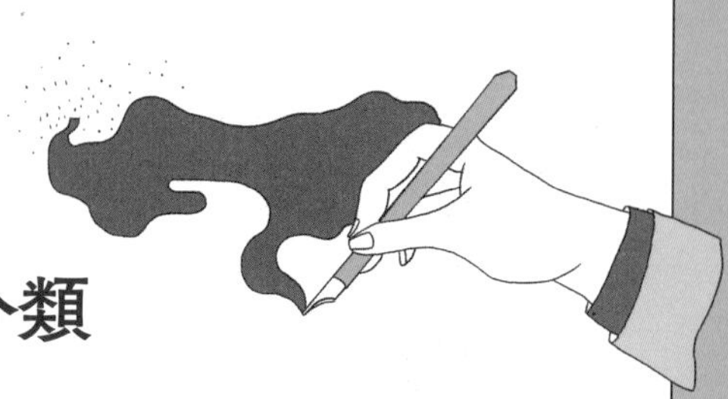

日本における心理学の分類

「○○心理学」と名のつくものは多くあります。なにを勉強したいのか、なにに興味があるのかわからないということもあるかもしれません。まずは、大きくふたつ、基礎心理学、応用心理学に分かれていることから考えてみましょう。

基礎心理学は、実験を中心として、「人の心の法則」や「心とは何か」について広く研究をします。全体的な人の心が対象です。

応用心理学は、基礎心理学を踏まえて、ビジネス、スポーツ、犯罪など実際に生活のなかで心理学を役立てていきます。特定の人の心を対象とします。

このように大きくふたつに分けたあと、それぞれ目的や対象によって細かな分類に分かれています。代表的なものを紹介しましょう。ただし、研究者によって分類が異なる場合もあります。

基礎心理学は、認知心理学、発達心理学、社会心理学、学習心理学、人格心理学などがあたります。

— **認知心理学**　知覚、認知、記憶などの人の認知活動を研究

— **発達心理学**　乳幼児、児童、青年、老年など年齢による心の発達について研究

— **社会心理学**　集団内の人間関係や社会的環境が与える心理などを研究

— **学習心理学**　経験により人や動物の行動が変化するかを研究

— **人格心理学**　人のパーソナリティーを研究

応用心理学は、臨床心理学、犯罪心理学、産業心理学、災害心理学、スポーツ心理学、教育心理学、ビジネス心理学などがあたります。

— **臨床心理学**　心の病の治療や予防などについて研究

— **犯罪心理学**　犯罪の解決や犯罪者の更生などに役立てる

— **産業心理学**　産業活動（仕事）の効率化について研究

— **災害心理学**　災害（自然だけではなく、労働、交通、家庭内なども含む）にあったときの恐怖や不安などの心理を研究し二次災害の防止を目指す

— **スポーツ心理学**　スポーツについて心理課題を研究し、パフォーマンスを高めることを目指す

— **教育心理学**　心理学を応用して教育に関する問題などを解決することを目指す

— **ビジネス心理学**　商品販売についてマーケティングなどを利用して売り上げを伸ばすなどを目指す

PSYCHOLOGY

PART 1

心理学のはじまり　魂はどこにあるのか？

最初に心の課題に取り組んだのは、古代の哲学者たちでした。
最初の心理学者ともいえるプラトン、アリストテレス、「医学の父」とよばれるヒポクラテス、
魂の在り処を探したヘロフィロス、ガレノスなどに焦点をあてながら
心理学のはじまりを解説します。

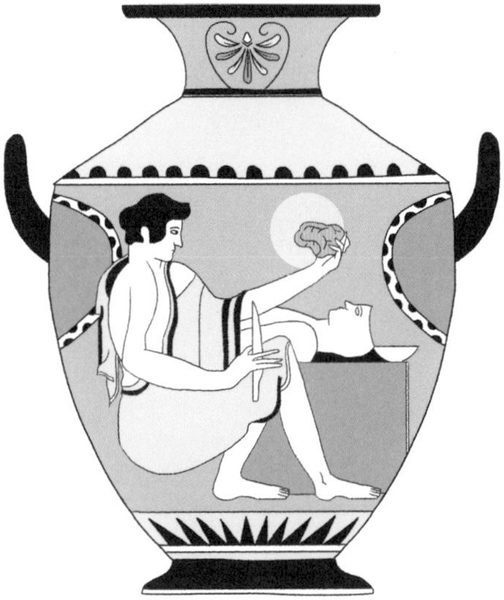

「心理学の起源」に取り組んだ哲学者

心理学の起源ともいえる心の問題に熱心に取り組んだのは、哲学者たちです。哲学者たちが考えたのは、肉体と魂はどのような関係にあるのかという問題です。この問題に対して、「もとは、ひとつの同じものである」と答えたのが心身一元論者です。

一元論　精神と身体は同一の物質から

一元論を意味する monism（モニズム）という言葉は、「たったひとつの」という意味をもつギリシャ語の monos（モノス）という語に由来します。この言葉は、哲学者であるとともに法学者、数学者でもあったクリスティアン・ヴォルフ（1679 年～ 1754 年）が 1734 年に出版した『合理的心理学』で初めて用いました。

ヴォルフは、一元論を精神と身体とが同一の物質からできているとする考え方だと定義したうえで、これを「唯物論的一元論」と「観念論的一元論」とに区別して考えました。唯物論的一元論では精神や身体が自然界に存在する物質でできていると考えるのに対し、観念論的一元論では精神や身体を含むあらゆる存在は精神と思考の世界に属するものだと考えます。

エレア学派にとっての「存在」

紀元前5世紀、クセノファネス（紀元前565年頃〜紀元前470年頃）は南イタリアの都市エレアでエレア学派を創設しました。

クセノファネスの弟子のパルメニデス（紀元前520年頃〜紀元前450年頃）は、ソクラテス以前の哲学者ですが、西洋哲学に大きな影響を与えました。パルメニデスは存在について探究する形而上学を創始したともいわれ、「存在と思考とは同じものである」と主張しています。

このようなエレア学派の主張は「観念論的一元論」ということができるでしょう。彼らは、感覚に対する思考の優位を主張し、魂と肉体との区別を否定しました。エレア学派によると、すべての存在とは初めから永遠のもので、死を恐れることはないというのです。

豆　知　識

哲学者プラトン（紀元前427年頃〜紀元前347年頃）は、最も有名な対話篇のひとつに「パルメニデス（副題：イデアについて）」の名を付け、その中でエレア学派を批判しています。この対話篇は、西洋思想の基礎のひとつとして理解されています。

エピクロスが唱える魂を宿した身体

エピクロス（紀元前341年〜紀元前270年）の哲学は何世紀にもわたって後世の哲学者たちに影響を与えてきました。エピクロスは偉大な唯物論者であり、「魂とは、私たちの身体の中に（中略）散らばる微細な粒子からなる物体である。（中略）魂は物体ではないというのは戯言である」と主張しています。

紀元前306年、アテナイ（ギリシャの首都アテネの古名）に庭園付きの家を購入し、そこに学園を開設したエピクロスは、「人生の目的は精神的快楽であり、大切なのは苦しみから逃れることである」という教えを説きました。「私たちが行なうすべての行為の目的は、苦しみから逃れることであり、苦しみがなくなることで魂の嵐はすっかり吹き払われる」といい、節制することとシンプルで自然な喜びに満足することを提案しました。

PSYCHOLOGY

PART 1

身体か、それとも精神か？

精神と身体とが同一の物質からできているとする一元論に対し、デカルトに代表される二元論者は、身体と精神とを区別することを主張しています。もっとも、このような考え方は、古代からすでに哲学者たちによって提唱されていました。

デカルトの心身二元論

哲学者で数学者のルネ・デカルト（1596年～1650年）は、「霊魂と肉体とはまったく異なるものである」と主張していますが、このような考え方を指してクリスティアン・ヴォルフは「二元論」という言葉を使っています。

デカルトによれば、霊魂から思考が生じるのは、神が人間に与えた観念の結果であるといいます。そこから、あの有名な「我思う、故に我あり」という言葉が生まれたのです。一方、霊魂とは対照的に、肉体は物質にすぎません。二元論者として最もよく知られているのはデカルトですが、霊魂と肉体はまったく別物だという考え方はギリシャの哲学者や東洋の霊能者たちも提唱していました。

謎に包まれた神秘主義者、ピタゴラス

古代ギリシャの哲学者、天文学者、数学者、音楽学者でもあるピタゴラス（紀元前570年頃〜紀元前480 年頃）の生涯は、今も謎に包まれています。ピタゴラスについて残されているのは、同時代の人々や彼の学派（教団）の弟子たちが書き残した彼の思想に関する記述のみです。

イタリアの哲学者イラリア・ガスパリによれば、ピタゴラスは「ちょっとしたシャーマン（呪術・宗教的職能者）」のようなところがあって、「肉体は魂の牢獄」であり、魂は人間や動物の肉体を渡り歩くと信じていたといいます。ピタゴラスは空気中や太陽の光の中といった至るところに魂が存在するのを見て、その魂が人間の見る夢に影響を与えたりお告げをしたりすると信じていたのです。

サーンキヤ学派とヨーガの理論との関係

太古の昔、世界の根源をなす永遠の原理としてプラクリティ（物質原理）とプルシャ（精神原理）というふたつの究極的実体原理が存在した―― この二元論は、インドで生まれたヒンズー教の哲学サーンキヤ学派の基礎とする考え方です。

ヨーガの理論もこの二元論に基づいています。満たされない欲望ばかりを抱えた人間は、自らが溜め込んだ肉体的・精神的な苦しみゆえに、プルシャとのつながりを失ってしまいます。だからこそ、サーンキヤ学派の考え方を実践する瞑想やヨーガによって、心を浄化して幸福を得ることが必要なのです。

豆　知　識

「心身症（psychosomatic）」や「身体化（somatization）」という言葉に含まれるsoma（ソーマ）は、ギリシャ語で「体」を意味する言葉です。ただ、ホメロスは『オデュッセイア』の中で「死体」の意味でこの言葉を使っています。

PSYCHOLOGY

PART 1

最初の心理学者、プラトン

魂は欲望、理性そして意志からなるものであり、言葉によって導かれ、また癒される……
このようなプラトンの思想には、まだ兆し的なものではありますが、精神医学に関するいくつかの重要な基本原理や基礎概念を見出すことができます。

生まれながら人間に備わっているイデア

紀元前427年頃、アテナイの名家に生まれたプラトンは数多くの書物を残しました。「イデア論」として広く知られる彼の理論は、世界を現象界とイデア界とに分けることを主張するものです。

現象界とは、視覚や触覚といった感覚による物質的ではかない世界のこと。私たちの肉体はこの世界に属しています。これに対して、イデア界とは知性によって把握される永久不変の世界。知識やイデア、魂などがそこに属しています。

美、正義、勇気などといったイデアはそれぞれ真理を表し、その頂点には私たちを導くものとして善が存在します。イデアは人間に生まれながらにして備わっているものですが、私たちがイデアの存在を認識するためには、プラトンの師ソクラテスが考案した、議論をして無知を気づかせる問答法が必要とされるのです。この議論は魂を生み出す対話であることから「産婆術」ともよばれています。

豆　知　識

プラトンは「個人的な集まりの中で（中略）対話によって魂を導く術」としての「精神指導」を提唱していました。話し合い療法《トークセラピー》という考え方は新しいものではないのです。

魂のための従者としての肉体

　肉体は、自由に考えることの妨げとなり、素晴らしい知の世界から遠ざけます。その理由は何でしょうか？

　肉体とそこから生まれる欲求や感覚は、人間を欺くものであり、人間の使命である知識と真実の探求から遠ざけてしまうものなのです。

「人間は欲望、食欲、恐怖といった見せかけに過ぎないさまざまなものや無意味なことばかりに気を取られることで、何も考えられなくなる」とプラトンはいっています。プラトンによれば、人間は自らの肉体を支配して、魂のために役立てなければならないのです。魂のためにプラトンは、体操や健康的な食事、音楽鑑賞などをするようにすすめています。

プラトンによる「魂の三分説」

「魂は御者と２頭の翼をもった馬が引く馬車が、自然界で生み出しうる力にたとえられよう」。プラトンはこの「翼をもった馬車」の例を使って魂を構成する３つの要素を説明しました。

　御者は「理知」の象徴であり、脳の中にいるものとされます。馬車を引く２頭の馬のうちの一方は「気概」を象徴しており、善良で勇敢なこの馬は心臓にいます。もう１頭の馬は「欲望」の象徴で、衝動的で落ち着きのないこの馬は下腹部にいます。このような状態では「馬車を制御するのは難しく、あまり楽しい仕事ではない」とプラトンは述べています。

　その後、19世紀から20世紀に活躍した精神分析学の創始者、ジークムント・フロイトは「イド（エス）」「エゴ（自我）」「スーパーエゴ（超自我）」という概念を提唱しますが、この概念はプラトンの魂の三分説《さんぶんせつ》によく似たものといえるでしょう。

PSYCHOLOGY

PART
1

「考えることが喜び」だった、アリストテレス

思索にふけることを好んだアリストテレスは、思索こそが幸福の源であると考えていました。彼はプラトンの弟子でしたが、プラトンとは異なり、物質的な生活や自然や感性をも称賛しました。

論理学の創始者

アリストテレス（紀元前384年〜紀元前322年）はプラトンの最も有名な弟子であり、プラトンがアテナイに設立した学園アカデメイアで学びました。知識に対して貪欲で、生物学、詩学、哲学、倫理学、修辞学そして心理学に至るまでめざましい成果を残したアリストテレスを、プラトンは「学校の精神」と評しました。

アリストテレスは特に、推論方法として知られる「三段論法」を考案したことから、論理学の祖ともいわれています。彼はのちに、魂と肉体の問題をはじめ、多くの問題でプラトンと対立しました。

感覚から知性へ

「『美・正義・善といった抽象的な概念であるイデアは、純粋な精神の中に刻み込まれている』いうプラトンの神秘主義的な理論はまやかしである」これがアリストテレスの主張です。

人間は生まれたときには何ももっていないが、感覚を通して周囲の環境を少しずつ自分のものにしていくことにより、思考できるようになる、と考えたのです。そのため、魂を肉体から切り離すことはできず、魂と肉体とは密接に関わっていると主張しました。魂とはいわば私たちを突き動かす生命の息吹です。そして、人間の魂が動植物の魂より優れているのは、感性を生み出し、育み、発展させる能力に加えて、理性や知性、知識への願望を備えているからであると考えました。

幸福への鍵

ポジティブ心理学の先駆者だったアリストテレスは、幸福の問題にも強い関心をもっていました。感覚的な満足は「無骨な」人間が感じる喜びにすぎず、人間にとっての最大の幸福とはいえないと主張します。基本的欲求が満たされることも必要ではありますが、それだけでは十分ではないのです。

また、権力や栄光を得ることや仲間に認められることも他人への依存を意味することになるので、幸福とはいえないとしています。アリストテレスは、知識の探求、理性と知性の実践と発展といった内面的な英知こそが幸福だと捉えました。考えることによって、人間は苦しみを癒して幸福になる、「我思う、故に我楽しむ」なのです。

豆知識

プラトンは基本的に脳の中に魂があると考えていたのに対して、アリストテレスは、頭の中よりも心臓のほうが温かいという理由で心臓の中に魂があると考えていました。

PSYCHOLOGY

PART 1

ヒポクラテスの四体液説

フランスの大学の医学部では毎年、学生たちが「ヒポクラテスの誓い」を暗唱することになっています。「医学の父」とよばれるヒポクラテスによって、身体的な病のみならず精神的な病に対する治療法も新しいものになりました。

医学の父、ヒポクラテス

ヒポクラテス（紀元前460年頃〜紀元前370年頃）は医学者として知られていますが、その生涯については不明な点が多く、奇抜な伝記や伝説も数多く残っています。医者の家系に生まれ、多くの病気の原因は神々の怒りではなく生活習慣や環境にあると主張し、病気に対する古代ギリシャの対処法を一変させました。

また、できる限り正確な診断をするためには、医師は時間をかけて注意深く患者を診る必要があるとも唱えています。ヒポクラテスの正確で奥深い分析は、時代を超えて古代ローマの医学者ガレノスにも大きな影響を与えました。

循環する４種の「体液」

古代ギリシャの医学では、「体液」は生物の体内でつくり出される液体を指す言葉として使われていました。ヒポクラテスは、「人間の自然性について」という論文の中で、人間の体内では心臓に由来する血液、脳に由来する粘液、肝臓に由来する黄胆汁、脾臓に由来する黒胆汁という４種の「体液」が循環しており、そのバランスが崩れることで人間は病気になるのだと述べています。

人間は、体液のバランスがとれている場合にはすべてがうまくいきますが、そのバランスが崩れると病気になってしまうというのです。例えば血液が他の体液より多すぎる場合には、出血させることで体液のバランスを保たなければならないと考えました。

豆　知　識

ヒポクラテスが用いた「体液」という言葉は、現在では「気質」を表すために用いられる言葉の起源となっています。体液という言葉が使われたのは、人間の気質や神経系は静脈を流れる液体と関連していると考えられていたからです。このような考え方は19世紀まで続きました。

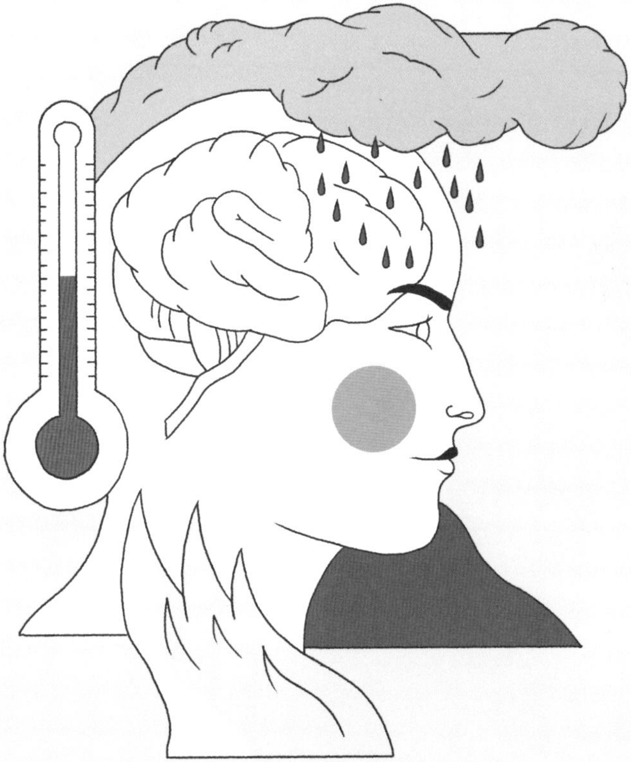

狂気は脳の病気なのか？

ヒポクラテスは、てんかん、躁病、うつ病などのさまざまな精神障害についても言及しています。

精神障害自体はバビロンや古代エジプトなどといった古代文明の時代にすでに発見・分析されていましたが、狂気の原因が神や悪魔だとする当時の一般的な考え方に異議を唱えた最初の人物の１人がヒポクラテスです。

脳はあらゆる「大病の原因」であり、「狂気が生じる原因」であるとヒポクラテスは考えました。狂気が生じるのは脳が湿りすぎているからであり、脳の温度が低い患者は穏やかな狂人となり、胆汁により脳の温度が高くなった患者は常に動きまわる激しい狂人になると主張しています。

PSYCHOLOGY

PART 1

魂はどこにあるのか？

魂が存在するのであれば、いったいどこに隠れているのでしょうか？　ヘロフィロスとガレノスという２人の古代の医学者は、合理的な方法を用いて魂の在り処を発見しようとしました。この２人は神経科学の先達といえますが、この問題についてはそれぞれ独自の理論をもっていました。

最も優れた解剖学者、ヘロフィロス

ヘロフィロス（紀元前330/320年頃〜紀元前260/250年頃）は古代ビザンティウム（現在のイスタンブール）近郊のカルケドンに生まれ、医学を学びました。治療もしましたが、何よりも研究に情熱を傾けました。

彼が生理学の知識を身につけることができたのは、早い時期から人体の解剖を行なっていたからだといわれています。ヘロフィロスは囚人たちを生きたまま解剖したともいわれており、同時代の人々の中には、彼の行為の残虐性を非難する人もいました。

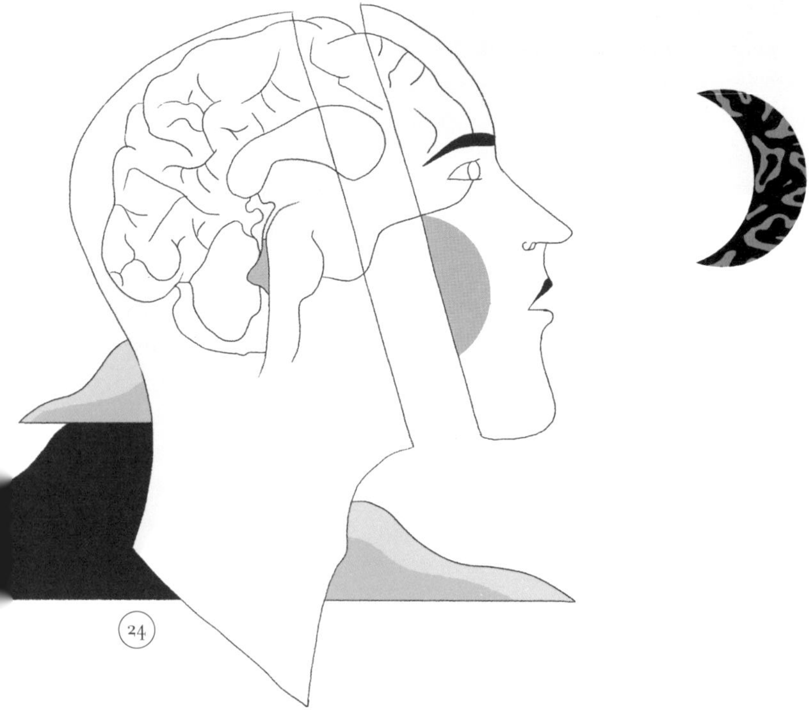

脳はすべてをつかさどる器官

人体に関わるすべては脳から始まると考えたヘロフィロスは、脳を観察してその構造を詳しく記述しました。彼はふたつの大脳半球と小脳の位置を確認したうえで、小脳から遠くないところに、神経系に不可欠な髄液で満たされた第四脳室があることを発見しました。ここに魂があるというのが彼の主張です。

魂を意識や理性（このふたつは前頭葉や前頭前野がつかさどっています）に限定しないとすれば、ヘロフィロスの説明もまったくの間違いとはいえないでしょう。さまざまな観察を通して導き出された彼の結論は、「脳室理論」としてまとめられ、長い間、医学界に影響を与えました。

薬学の父、ガレノス

クラウディウス・ガレノス（131年～201年）は、ヒポクラテスに次ぐ古代医学の重要人物です。ガレノスも解剖を行ないましたが、その対象は動物のみでした。血液を体外に排出する瀉血《しゃけつ》という処置は彼が好んで用いた治療法のひとつだったといわれています。

「薬学の父」ともよばれるガレノスは、医学や哲学に関する論文を500以上執筆しました。なかでも「四気質説」として知られる彼の理論は、ヒポクラテスの四体液説に気質という概念を結びつけたものです。気質には体液の種類と量に応じて楽天的な多血質、理性的な粘液質、情熱的な胆汁質（黄胆汁質）、抑うつ的な黒胆汁質（憂うつ質）があるとしています。

豆　知　識

ガレノスは、「魂の能力は身体の混合に依存する」という論文の中で「狂気は多湿によって、知性は乾燥によって生じるものであり、完璧な知性は極端に乾燥した環境のもとに生じるものである」と述べています。

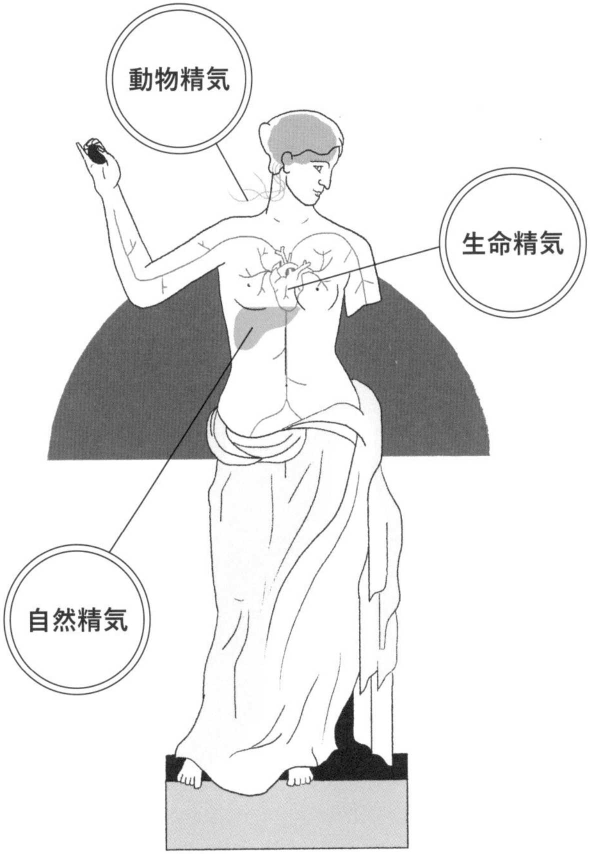

生命の本質＝プネウマ（精気）

ガレノスの主張は、脳に関するヘロフィロスの理論と魂を3つ（欲望・理知・気概）に区分するプラトンの理論を受け継ぐものです。生命の本質はプネウマ（精気）であるとし、これを自然精気、生命精気、動物精気の3つに区別しました。

——自然精気は肝臓にあります。静脈や血液の他、栄養を摂取する能力のもととなるものであり、欲望を生み出します。

——生命精気は血管と心臓に存在します。脈拍や体の熱のもととなる精気であり、感情を生み出します。

——動物精気は脳の活動の原動力となる絡み合った動脈の「驚異的なネットワーク」によって生み出されます。この「ネットワーク」こそが、人間の体と心を動かしています。

PSYCHOLOGY

PART 1

古代における精神障害の治療

「憂うつ」「躁」など……いくつかの精神障害はかなり早い時代から認識されていました。古代の人々も精神の障害に関心をもち、その原因を特定して治療しようとしていたのです。

豆　知　識

ヒポクラテスは、とりわけうつ病の治療のために「クリスマスローズ」の名で知られるヘレボルス・ニゲルの根を処方しましたが、これは非常に強力で毒性の強い下剤でした。

精神の錯乱からうつ病へ

哲学者から医者にいたるまで、古代の人々は精神の錯乱を霊魂の病として定義しようとしていました。転機となったのは、医学の父ヒポクラテスの登場です。彼とその後に続く学者たちは、精神疾患の症状をまとめた詳細なリストを作成するとともに、急速に進行する急性疾患とゆっくりと進行する慢性疾患を科学的に分類しました。

急性疾患としては、脳炎、精神の錯乱、高熱をともなう興奮性精神錯乱、また急性症状として昏睡状態や麻痺状態があげられます。慢性疾患としては、躁病、うつ病があげられています。すでに紀元１世紀には躁状態とうつ状態の関連性についての記述も見られます。周期的に躁状態とうつ状態を繰り返す障害は今日では「双極性障害」という名で知られています。

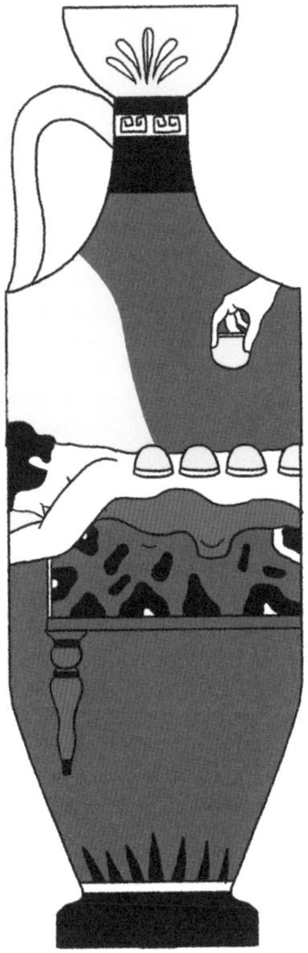

精神障害の治療と学派

ヒポクラテスの理論をそのまま受け継いだ教条学派（ドグマティズム）は、精神障害を体液の異常によるものとして分析し、患者の体質と生活環境の注意深い観察をすすめました。それとは反対に経験学派は、医師の経験や医学書から得た知識を重視し、診断に役立てようとしました。

また、いわゆる方法学派（メソジスト）は、身体は流動的な粒子によって構成され、その動きが停滞すると病気にかかると主張しました。これに対し、プネウマを主張する学派は、プネウマという体内の「精気」がうまく循環することで健康が保たれると主張しました。

そしてガレノスのような折衷学派は、黄胆汁が多い場合は黄胆汁質（短気）、血液が多い場合は多血質（楽天的）、黒胆汁が多い場合は黒胆汁質（憂うつ的）、粘液が多い場合は粘液質（理性的）が現れるとし、体液と気質には関連があるという折衷的な説を唱えました。

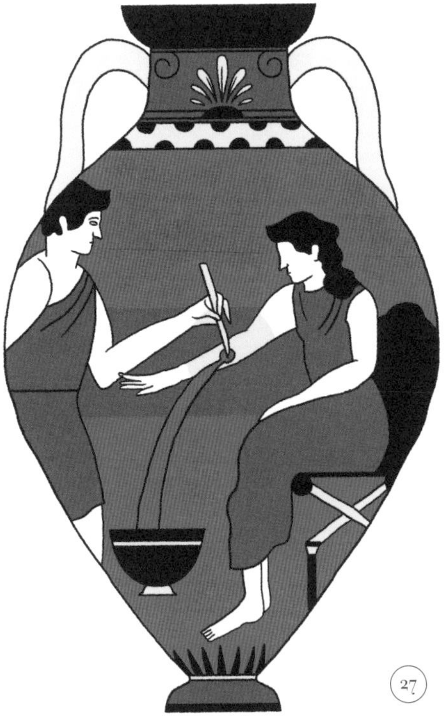

さまざまな治療を考案

古代ギリシャには精神病院はありませんでしたが、精神障害に対する治療法としてさまざまなものが考案されました。医学の守護神アスクレピオス（ラテン語でアイスクラーピウス）の寺院では、治療のために訪れた巡礼者に対して精神療法、幻覚剤、夢の解釈を用いた治療が行なわれました。

体を動かす運動や、吊るしたベッドに患者を寝かせ、そのベッドを揺らすといった治療法、さらには音楽療法も行なわれました。また、患者の隔離や、鎖や鞭を使った暴力的な治療が行なわれることもありました。このほかにも、精神のバランスを取り戻すことを目的として、食事療法や、絶食、軟膏、瀉血、吸角療法（皮膚に吸い付けて、うみ・悪血を吸い出す治療法）が行なわれ、その中でも苦しみを完全に取り払うために使われた下剤は強烈なものでした。

PSYCHOLOGY
COLUMN

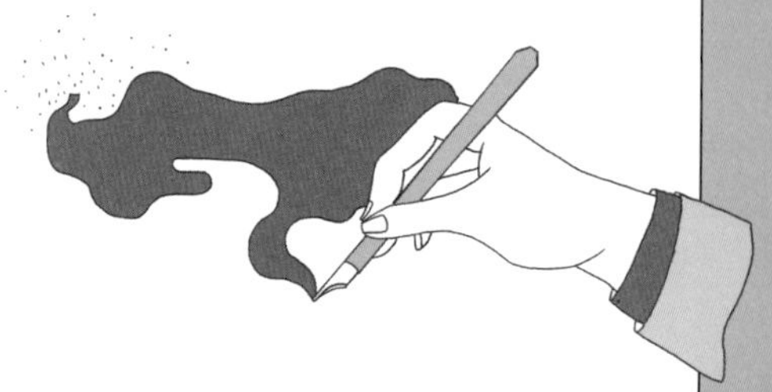

ゲシュタルト心理学

古代ギリシアでは、心のしくみは哲学者の経験や思考から研究されていました。そしてドイツの心理学者ヴント（1832 ～ 1920 年）が、1870 年代に心理学実験教室を創設し、心理学を哲学から独立させ、実験や観察などにより心を科学的に解き明かすことをはじめました。

また、このヴントは「イメージや意思、感情などの要素で構成された結合体が心である。要素を解き明かすことができれば、心も解き明かせる」と主張していました。

これに異論を唱えたのが、チェコ出身の心理学者ヴェルトハイマーたちで、「心はひとつのまとまりであり、要素に還元することができない」と主張しました。これが「ゲシュタルト心理学」です。ドイツ語でゲシュタルトとは、形態・全体を意味します。現象を個々の要素として部分的に見るのではなく、全体のまとまりとして見るべきだと考えたのです。

ヴェルトハイマーによると、物事の全体を把握しようとするとき、人は知覚している要素を可能な限り簡潔に認識する傾向があるといいます。要素をまとめて認識するのです。これを「プレグナンツの法則」といい、この法則が知覚に及ぼす要因を「ゲシュタルト要因」といいます。

このゲシュタルト要因にはいくつかの種類があります。

— 近接の要因

距離的に近くにあるものは、まとまって 1 つに知覚される傾向にある

— 類同の要因

色や形が似ているものは、まとまって 1 つに知覚される傾向にある

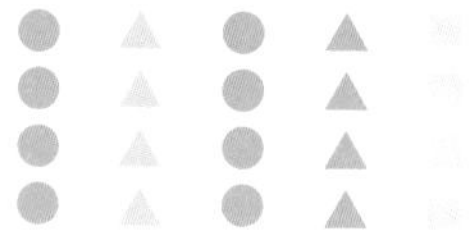

— 閉合の要因

閉じ合う形のものは、まとまって 1 つに知覚される傾向にある

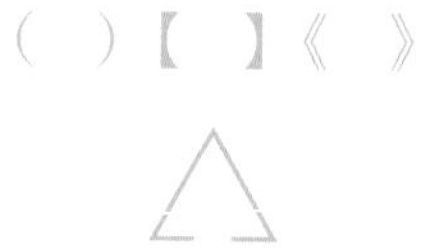

— 連続の要因

図形はつながって知覚される傾向にある

— 共通運命

同じ方向に動いたり、同じように点滅したりするものは、グループとして知覚される傾向にある

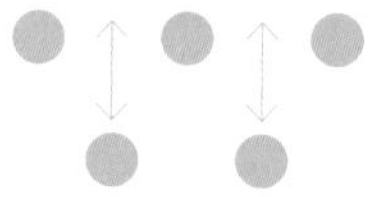

PSYCHOLOGY

PART 2

精神の苦痛を取り除く方法 信仰から科学へ

かつては、精神障害は信仰などと結びつけられ、
患者たちは人間的ではない扱いを受けていました。
科学的方法によって患者の苦しみを発見し、その病名を特定し、暴力的な方法ではなく、
思いやりをもって忍耐強く治療する「精神医学」が確立されていきます。

PSYCHOLOGY

PART **2**

宗教によって利用された「狂気」

狂気は神の恩恵といわれることもありましたが、何よりもまず神の呪いとされました。中世キリスト教の時代には、精神障害は宗教活動と結びつけて考えられており、患者たちはその犠牲となったのでした。

狂気は、神罰である

古代から中世キリスト教の時代までは、狂気はもっぱら神によってもたらされるものだと考えられていました。ギリシャ人の間では、重度の狂気や、身体的な不調からくるものではない狂気は、犯罪者や、神の機嫌を損ねた者または神に歯向かった高慢な者に与えられた神罰であると考えられていました。

ヘブライ人の間では、狂気は罪と結びついたものであり、ユダヤ教の神ヤハウェの怒りを買った者に降りかかるものだとされていました。中世キリスト教の時代になってもこのような考え方に変化はありませんでした。

悪魔の仕業か神の仕業か？

何世紀もの間、精神障害には悪性の狂気と良性の狂気が対極に存在しているという二元論的な考え方が反映されてきました。狂気と宗教とを結びつける迷信的な発想がピークに達したのは中世のころです。

神を自称する人や天啓を受けた説教師、預言者がこの世の終わりを告げながら各地を巡った一方で、純粋無垢な魂を乗っ取り、罪や暴力、破廉恥へと堕落させようとする悪魔の物語があふれていました。悪魔に取り憑かれた人は祓われなければなりません。うつ状態や躁状態の人々は、その身体に悪魔が宿っていると非難されたのでした。

人間的ではない衝撃的な巡礼

精神障害に対しての治療も古代と大きな違いはなく、下剤、瀉血、入浴、運動、特殊な食事療法を用いた治療が行なわれていました。

また病気には、それぞれ対応する聖人や場所や儀式が存在するので、それに従った巡礼を行なうべきだとされました。もっとも、この巡礼は決して人間的なものではなく、患者たちは、暴れ回ることがあるという理由で、鞭で打たれたり担架に縛られて礼拝堂に閉じ込められたりしました。

礼拝堂で９日間にわたる祈祷が行なわれた後、ぐったりした彼らを前に、教会は「奇跡」が起きたと主張します。しかし、患者やその家族たちからは、それはとても「奇跡」といえるようなものではありませんでした。

PSYCHOLOGY

PART 2

心理学界の貴公子、モンテーニュ

『エセー（随筆録）』で知られるフランスの哲学者、モンテーニュ（1533年～1592年）は、人間そのものを中心テーマとして扱った最初の人物です。自己分析の先駆者である彼は、自らを研究対象とすることで、ときに曲がりくねった人間の心のひだに光を当てました。

「私が描くのは私自身である」

　ミシェル・エケム・ド・モンテーニュは、中世という薄暗いトンネルの出口のような存在でした。「世界の中心に位置するのはもはや神ではなく人間なのである」というルネサンス期のユマニスム（ヒューマニズム、人文主義）そのものを体現したのです。

「心理学界の貴公子」とよばれた彼の代表作である『エセー』は、親友エティエンヌ・ド・ラ・ボエシを失った自分自身を慰めただけでなく、精神生活と宗教を分離させることにおいても大きな役割を果たしたのです。『エセー』の序文には「私が描くのは私自身である」との記述がありますが、モンテーニュが自分自身のことだけを語っているからこそ、そこには「私たち」のことが語られているといえるのです。「人間のありようを体現しているのは一人ひとりの人間である」という彼の言葉も正当なものといえるでしょう。

　自分の人生を歩むということは、自分を知るということです。自分を知るためには、先入観をもつことなく、自分自身を観察する必要があります。こうすることによって、「自分の内面の奥底にある不透明な部分を理解する」ことができるのです。

必要なのは「分別と本質」

「家具を揃えるより自分の魂を鍛えたい」。モンテーニュは、「物知りになるより思慮深くなるほうがよい。知識を詰め込んだからといって、子どもたちを知的で分別を備えた尊敬すべき人物にすることはできない」と主張しています。

脳に知識を無理やり詰め込んではならず、魂は厳格で徹底したルールで縛りつけてはなりません。また逆に、気まぐれな想像力に委ねるべきでもなく、魂は学習を通して身につける優しさや繊細さ、配慮によって構築されなければならないのです。

そうすることによって、良心は分析や判断を行なう際に必要な賢明で、公平で、寛容で、自律的な意識を身につけます。人間の精神にとって必要なのは「分別と本質」なのです。

死の準備をすることで自分を守る

「あらかじめ死について考えておくことは、自由について考えることである。死について学んだ者は奴隷であることを忘れたものである」。「私はそこにある存在を描くのではない。通り過ぎるものを描くのだ」とモンテーニュはいいます。

よりよい人生を送るためには死を意識する必要があります。そして、哲学を学ぶことで、いつか来る終焉の悲しみから自分を守り、今というこの瞬間を味わうことができるようになるのです。モンテーニュの思想は移ろいゆくものについての思想ともいえるでしょう。

ジークムント・フロイトは、1915年に発表した『儚さについて』というエッセイの中で、人間の生に味わいを与えるこの「はかなさ」というテーマに共鳴しています。

年譜｜モンテーニュ

1533年	ドルドーニュ地方のモンテーニュ城で誕生
1557年	人文主義者エティエンヌ・ド・ラ・ボエシ（1563年に32歳で死去）と出会い親交を深める
1580年	『エセー（随筆録）』（2巻本）を刊行
1592年	モンテーニュ城で死去

PSYCHOLOGY

PART 2

不安定な精神状態の人をどう扱うか？

「不安定な精神状態の人の扱いを見ることで、その社会の文明度を知ることができる」と述べたのはフランスの精神科医、リュシアン・ボナフェ（1912 年～ 2003 年）です。そうだとすると、中世は理想的な時代だったとはいえそうにありません……。

中世の人々と精神障害

中世は「狂気の黄金時代」と紹介されることがありますが、実際には人々は精神障害に悩まされていたのです。確かに、精神障害をもつ人は家族や集落で受け入れてきましたし、教会などでは思いやりをもって彼らに接するようにすすめてもいました。

軽度であれば支援を受けることもできましたが、症状が重くなればなるほど社会からは受け入れられなくなりました。両親に金銭的な余裕がある場合は修道院に入れることもありましたが、そうでない場合は、階段下の小部屋や納屋に閉じ込めておくしかありませんでした。13 世紀から 14 世紀にかけては、彼らが町中を歩き回っていたという記録も残っています。

不安定な精神状態の人を収容する刑務所と塔

中世ヨーロッパでは、危険な精神状態の人は刑務所に収容されることもありましたが、刑務所の数は少なく、部屋も十分にはありませんでした。彼らに適切なケアをするための設備は不十分であり、基本的なニーズに対応できる部屋も守衛も資金も足りなかったのです。重い鎖に繋がれることがあったのは、サディズムというよりも人手が不足していたからでした。

豆　知　識

ペルシャの医学者・哲学者のイブン・スィーナー（980年～1037年）は、1020年頃に完成した『医学典範《てんぱん》』の中で古代から知られてきた精神障害を歴史上初めて詳細に分類しました。『医学典範』は中世後期に最も多く印刷された書籍のひとつです。

新しい医療制度と古代からの治療法

中世ヨーロッパでは、病院の建設が進みました。施設が広まるにつれて入院する患者の数も増えていきました。14世紀以降、ドイツ、フランス、イギリスの大規模な病院では、専門の病棟が設置されました。

しかし、最初のうち医者はいませんでした。医者は、治療費を支払うことのできる家庭の多い都市部で働くことが多かったのです。しかし、時代が進むにつれて病院の医療体制も充実していきました。

古代から受け継がれてきた定評のある治療薬も、病気の種類に応じて用いられることになりました。うつ病には強壮剤（煎じ薬、シロップ、植物の煎じ薬）、躁病には鎮静剤、てんかん患者には鎮痙剤が処方されました。それと同時に、長時間または短時間の冷水浴や温水浴といった水治療法など、古代から受け継がれた治療法が用いられることもありました。

PSYCHOLOGY

PART 2

近代的な治療の開拓者

18 世紀末、精神病患者に対する見方や接し方に大きな変化をもたらしたのは、「精神科看護師の父」といわれるジャン＝バティスト・ピュサンと、医学者で哲学者のフィリップ・ピネルでした。この 2 人によって精神医学の扉が開かれたのです。

精神病患者の居場所となったパリ総合病院

精神障害の歴史において、1656 年は転機の年だと考えられています。フランス国王ルイ 14 世の勅令により、「パリとその近郊の貧困民たちを収容するためのパリ総合病院」が設立されたのです。現代の病院とは似ても似つかないものでしたが、そこにはまたたく間に 4000 ～ 5000 人の貧困民が収容されました。

この総合病院は 5 つの施設から構成されていましたが、その中には男性を収容するビセートル病院、女性を収容するサルペトリエール病院もありました。地方の大都市にも総合病院が設置され、少しずつ精神病患者の居場所が確保されるようになったのです。

18 世紀末には、パリ総合病院の患者の 10%、地方の病院では患者の数%を精神病患者が占めるようになりました。哲学者のミシェル・フーコー（1926 年～ 1984 年）は、これを「狂気を封じ込めよう」という政府の意向の表れだと考え、1961 年には「大いなる閉じ込め」という理論を展開しました。

ピネルとピュサン、２人の先駆者

フランスの精神科医、フィリップ・ピネル（1745年〜1826年）と監護人のジャン＝バティスト・ピュサン（1745年〜1811年）は、1793年9月にパリ総合病院で出会いました。

当時のピネルはビセートル病院の主治医に任命されたばかりでした。彼はそこで精神病棟の監護人のジャン＝バティスト・ピュサンが「極度に興奮した患者」に対して革新的な治療を行なっているのを目にしました。

ピュサンは元革なめし職人でビセートル病院に入院していた元患者でした。快復後、同病院の職員として採用され、少しずつ病院内での地位を高めていきました。ピュサンは、快復した患者たちを助手として採用していました。ピネルはピュサンの治療法による成果を目の当たりにし、ピュサンの治療法を導入しました。２人が確立した革命的な治療法は、臨床的にも理論的にも精神医学の新たな基盤を築くものでした。

絵画にもなった鎖の伝説

フィリップ・ピネルには、ビセートル病院に拘束された精神病患者の鎖を外し、またサルペトリエール病院でも精神病患者である女性の鎖を外したという伝説があります。

その様子は２枚の有名な絵画によって後世に伝えられています。

たしかにピネルは、ピュサンの治療の様子を見た後に、患者に対して人間らしい接し方をするようになりましたが、ビセートル病院での鎖の廃止は、実際にはピネルがいなくなった後に行なわれています。

PSYCHOLOGY

PART 2

分類し、診断し、治療する

科学的方法によって患者の苦しみを発見し、その病名を特定する。そして、暴力的で残酷な方法ではなく、思いやりをもって忍耐強く治療する。心ある精神医学の誕生は、革命といえるでしょう。

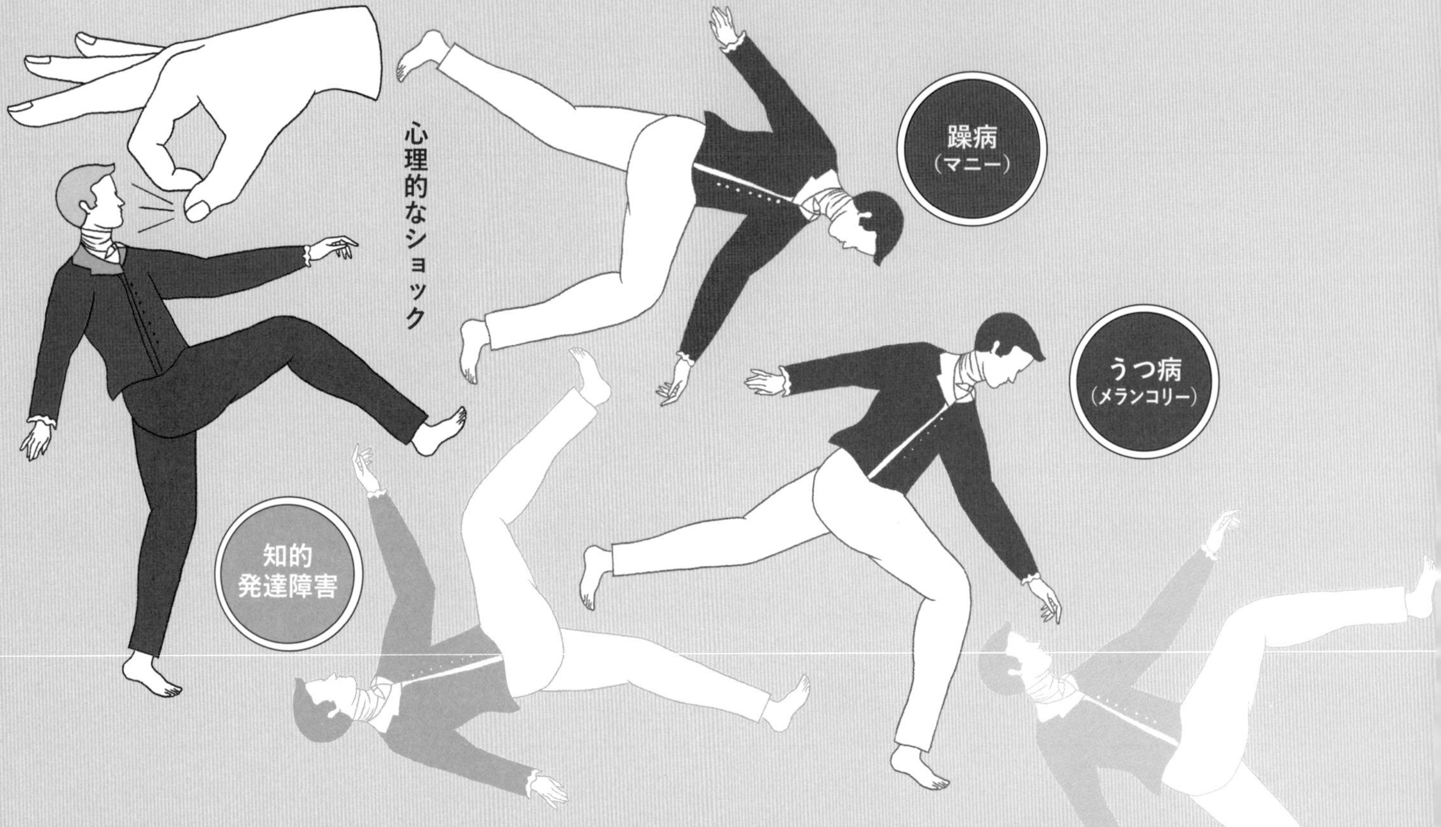

精神病を４つのカテゴリーに分ける

1801年、当時は「特殊医学」とよばれていた分野を「精神医学」として確立した創始者フィリップ・ピネルは『精神病に関する医学＝哲学論』を発表しました。ベストセラーとなり数カ国語に翻訳されたこの本の中で、患者の観察結果に基づいて、精神の錯乱による発作は心理的ショックによって生じることが多いと推論しました。その8年後には自説を発展させ、精神病を大きく4つのカテゴリーに分類しました。①全面的な混乱がある躁病（マニー）、②深い悲しみを伴う部分的な混乱があるうつ病（メランコリー）、③老齢や変性疾患による認知症、④知的発達障害です。

エスキロールによる精神科病院の設立提案

ピネルの愛弟子であったジャン・エティエンヌ・ドミニク・エスキロール（1772年～1840年）は、フランスのサルペトリエール病院でピネルとともに働いていました。1805年の論文で、エスキロールは幻覚という現象を説明するとともに、特定の領域にのみ関連する狂気としての「モノマニー（単一狂）」の概念を打ち立てました。

具体的には、感情モノマニー、知性モノマニー、本能モノマニーという3種のモノマニーが存在すると主張しました。理論的な区別だけでなく、臨床的な区別も行ないました。精神病の患者のためには他の病気の患者といっしょにしてはならず、特別な治療と施設を用意するべきだと主張したのです。

1838年、エスキロールの活動により「各地に精神科病院の設立を義務づけ、精神科病院の管理を担当する精神科医を公務員として配置する」という法律がフランスで成立しました。精神医学はこのようにして誕生したのです。

道徳的な治療で治す

心理的な苦しみは「道徳的な」ショックの結果だから、「道徳的な治療」によって治すことができるとピネルは述べています。この治療法は、患者と医師との対話を原則とし、優しさと諭しによって患者に理性を取り戻させようとするものです。この他にも、家庭環境や社会的環境が有害となっている患者は、それらから隔離し、妄想を避けるための活動をさせ、精神衛生を管理・監督するための機関を設置することなどが提唱されました。患者たちは常に注意深く見守らなければならない子どものように見なされていましたが、このとき初めてその人間性が考慮され、人として尊重されるようになったのです。

PSYCHOLOGY

PART

2

精神医学の光と影

メディアの注目を受ける太陽のような大君主と、もう一方は奥ゆかしさと慎重さを併せもった男……19 世紀末、心理学と精神医学が飛躍的な発展を遂げたのは、異彩を放つこの２人の科学者のおかげでした。

神経医学界のナポレオン

ジャン＝マルタン・シャルコー（1825 年～ 1893 年）は、サルペトリエール病院の医師のうちフィリップ・ピネルに次いで重要な人物です。ピネルが精神医学の創始者だとすれば、シャルコーは神経学の創始者です。

1862 年、サルペトリエール病院に着任すると、原因不明の慢性神経疾患に苦しむ患者の治療に取り組みました。優秀な解剖学者であり臨床医であったシャルコーは、ある種の病気の原因が心理的なものであると気がついていました。「自覚症状のある器質的疾患を伴わない慢性的な精神疾患」という今日の神経症の定義は、彼の功績による部分が大きいのです。

シャルコーは当時からすでに世界中から注目されるスターでした。「毎朝彼が登院するときの様子は、（中略）祝宴の夜に『皇帝のお出ましです』というかけ声の下、宮廷のサロンに入ってくるナポレオンのようだった」と作家のレオン・ドーデ（1867 年～ 1942 年）は書いています。あのジークムント・フロイトもそこに押しかけた外国人医師の１人でした。

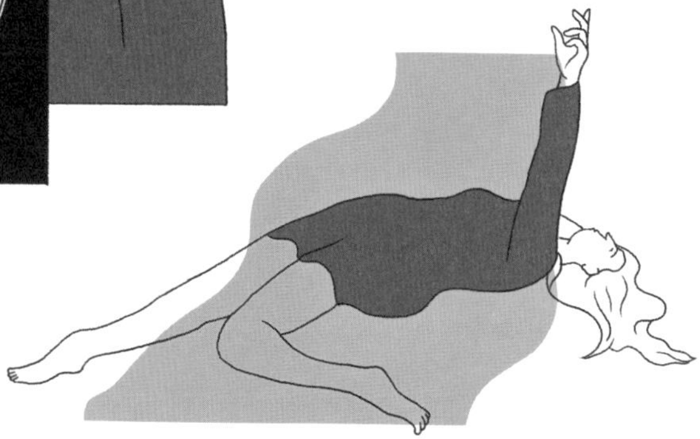

前兆

類てんかん期

ヒステリーの催眠療法

シャルコーは、麻痺のさまざまな症例を調査し、その原因は心的外傷だと主張しました。

シャルコーは、ヒステリーには「前兆」、「類てんかん期」、「道化師期」そして「収束期」という4つの段階があると考え、その様子を描写したり写真を撮影したりしました。

「前兆」とはまだ意識はあるが動揺しはじめる段階、「類てんかん期」とは顔面が蒼白になったり叫んだり失神したりする段階、「道化師期」とは体を歪めるようになる段階、そして「収束期」とは泣いたり笑ったりし、ときには錯乱状態に陥ったりすることもある段階のことを指します。

シャルコーは、ヒステリーの発作が起こったときに患者が陥る意識の混濁を催眠状態と類似するものとして捉え、1878年以降は催眠療法の公開パフォーマンスを行なうようになりました。

天才ジャネによる「潜在意識」と「無意識」

ジャネは、シャルコーとは対照的な存在です。哲学者から医者に転身したピエール・ジャネ（1859年〜1947年）は、サルペトリエール病院のスターだったシャルコーのもとで学ぶ目立たない存在でしたが、彼が果たした理論的な功績は極めて重要なものでした。ジャネの才能に惚れ込んだシャルコーは、彼に実験心理学の研究室をつくらせました。

神経症とは心理的な脆弱性の表れで、「意識の領域の狭窄」をもたらすある種の緊張の低下を示すものだと考えていました。

ジャネの関心は、「どうして私たちは無意識のうちに機械的に一定の行動をしてしまうのか？」にあり、このような行動は潜在意識の現れだと説明しています。彼が「潜在意識」という言葉を初めて使ったのは1889年のことでしたが、後に登場する「無意識」という言葉を予感させるものでもありました。

豆　知　識

ピエール・ジャネ（1859年〜1947年）とジークムント・フロイト（1856年〜1939年）はともにシャルコーに師事しましたが、後に意見が対立するようになりました。ジャネはフロイトの理論のうちいくつかのものに対して反論しました。ジャネはフロイトとの対話を望んでいましたが、フロイトはそれを拒否したのです。

道化師期

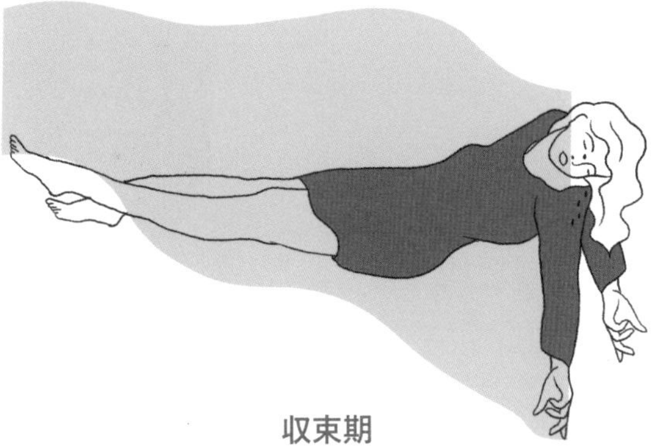

収束期

PSYCHOLOGY
COLUMN

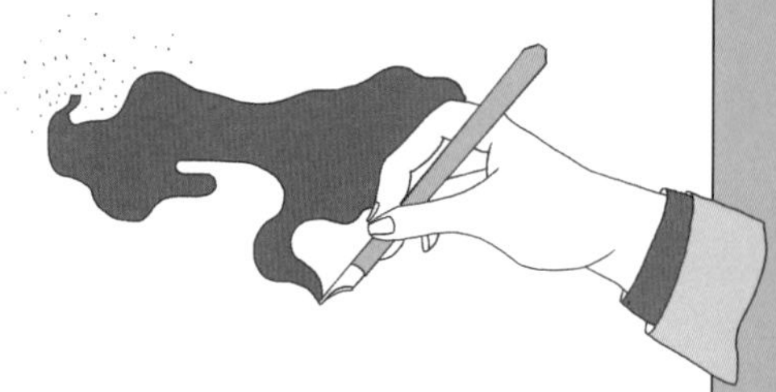

精神分析

心を分析することにより精神疾患を治療する方法として、フロイトが創設した「精神分析」があります。

フロイトは人の心のなかには無意識の世界があると考えました。人はその無意識の世界の力で動かされ、行動をしているといいます。また、心の病気はその無意識の存在を意識化することで治療できると考えました。

無意識は自分自身では理解することができませんが、話し方、言い間違い、身ぶりや手ぶり、絵や小説などの創造物、夢などに現れています。フロイトは、とくに夢は無意識の世界が現れるため、夢に出てきたものから無意識にある願望や不安、気になることなどを分析できるとしています（夢判断 P.50）。

精神分析は、患者と精神分析家が対話していくなかで、患者の無意識の部分も含めた心を理解していきます。精神分析家は、精神分析の方法や理論を理解し、学んだ専門家です。

精神分析を受けるときには、患者は寝椅子など足を延ばせるベッドのようなところで横になりリラックスしながら、思いついたことは無意味で、不要なことかもしれないと思っても、テーマに沿っていないと思っても、頭に浮かんだことはすべて自由に話していきます（自由連想法　P.49）。

分析家は、患者から見えないところ（背後の椅子など）からその話す様子を聞き、患者の心のうちを思いめぐらします。このような分析の機会を重ねることで、患者の心の世界を理解し、患者自身も無意識の世界と向き合うことができます。

患者と分析家の関係性が大切になる治療法です。患者は抑圧されていた感情や思い出したくない記憶と向き合い、受け入れながら治療を進めなければなりません。そのため、症状が改善するまでに数年かかることもあります。

フロイト派の精神分析では、幼児期の親とのリビドー的関係に焦点があてられます。それに対し、アドラー派は人間関係のなかで生まれる劣等感に焦点をあて、ユング派は人間的成長に焦点をあてています。

PSYCHOLOGY

PART 3

心理学の黄金時代　精神分析から現代療法まで

フロイトは、トラウマ、幻想、無意識、エディプス・コンプレックスなど
精神分析学の土台となる考え方や治療法を築いていきました。
それに伴い、アドラーによる「個人心理学」、ユングによる「分析心理学」、
ウィニコットによる「児童精神分析学」なども発展しました。

PSYCHOLOGY

PART 3

フロイトの革命

「精神分析学の父」ともよばれるフロイトですが、彼がこの学問分野を開拓し、発展させていくには、友人たちとの刺激的な関係が不可欠でした。

医学から、魅了された神経学へ

学生時代のジークムント・フロイトは成績優秀であったものの、医学の道に進むことにはためらいも感じていました。医学を学んだ理由について、「知りたいという欲求のようなものに突き動かされたのだ」といっています。

研究熱心だったフロイトは、やがて神経病理学や精神医学の分野に転向しました。病院での研修中には、ジャン＝マルタン・シャルコーのヒステリー症状と催眠に関する研究に魅了されたといいます。

のちにフランスの精神医学界では、精神疾患の原因として遺伝が重視されていることを批判する論文を執筆しています。フロイトは、精神疾患の原因のひとつとして、患者が幼少期に受けた性的虐待をあげています。

アンナ・Oの症例

ウィーンで開業医として働き始めたフロイトは、友人で精神科医のヨーゼフ・ブロイアーからある患者の話を聞くことになります。その患者は、アンナ・Oという仮名で知られるブルジョワ階級の若い女性でした。彼女の症状は「筋肉の収縮による運動麻痺、感覚の消失を伴う四肢の麻痺などの身体症状、そして精神的な混乱状態が混在したもの」だったといいます。

症状が病理的なものではなかったため、ブロイアーはまず催眠療法を施してみました。すると、ある日、アンナ・Oが自身の症状のひとつがどのように生じるか説明した直後にその症状が消失するという現象が起こったといいます。ブロイアーはこの発見を「カタルシス療法」（アンナ・Oによれば「談話療法」）とよんで、治療の場面で実践するようになりました。この逸話は、フロイトの理論の下地となり「治療をするためには、症状の原因と関連するトラウマの記憶を回復する必要がある」とされたのです。

友人との理論により発展した研究

フロイトは友人との関係を通して研究を発展させました。ブロイアーと仲違いした後、フロイトはベルリンの耳鼻咽喉科医ヴィルヘルム・フリースに魅了され手紙を通して親交を深めました。フリースは鼻腔反射神経症という独特な理論を考案した人物として知られています。

やがて、フロイトの関心の中心は催眠術とトラウマの理論から、患者の想像の産物である空想へと変化しました。フロイトによればこの空想は第２の現実である「心的現実」を構成するものであるとされており、この「心的現実」に対して関心を向けるのが精神分析学だとしたのです。

年譜｜フロイト

1856年	モラヴィア辺境伯国のフライベルクで生まれる
1860年	フロイト一家、オーストリアのウィーンに移住
1885年	シャルコーに師事
1887年	ヴィルヘルム・フリースと出会う
1900年	フリースと決別。夢分析と自己分析をもとにした新しい治療法を試みる
1939年	ロンドンで死去

PSYCHOLOGY

PART 3

精神世界とその構造

人間の精神はどのように構成されているのでしょうか？　また、心は何によって突き動かされているのでしょうか。フロイトはこのようなテーマについて分析を行ないました。

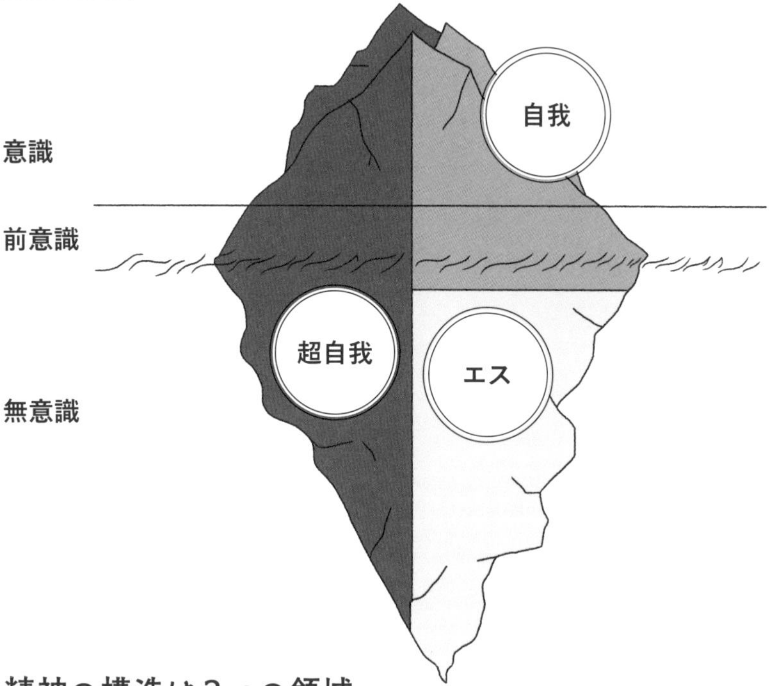

精神の構造は３つの領域

フロイトは、人間の精神は「意識」「前意識」「無意識」という３つの領域によって構成されているといいます。「意識」とは、私たちが自分自身や自分の置かれた環境、自分と世界との接点を認識している部分です。「前意識」とは意識の控え室のようなところで、意識されてはいないが抑圧されてもいない、意識しようとすれば意識できる思考が置かれています。「無意識」とは記憶の奥底に埋もれ、蓄積され、抑圧されたすべてのものが置かれた部分で、精神世界の中でももっとも重要な領域です。

フロイトはこの３領域からなる精神世界の中に、「自我」、「超自我」、そして「エス（イドともよばれる）」という３つの機能を見出しています。「自我」は、「『理性』や『常識』とよばれるものの代表」とされるものであり、これを働かせることで私たちは外界と接触できています。「超自我」は自分の中にある警察官のような存在であり、「自我の理想」という名のもとに両親や社会が示した禁止事項についての解釈を統合するものです。「エス」は欲動の貯蔵庫のような存在であり、「情熱をその内容としている」と説明されています。

エロス（生の欲動）とタナトス（死への欲動）

人間の精神活動の原動力となるものが欲動です。欲動は生物学的な基盤をもった力であり、私たちを突き動かすだけでなく、無意識的な行動の原因ともなるものです。

もっとも重要なのは性的な精神エネルギーであるリビドー（欲望）です。これは、私たちが生きていくために不可欠のものです。リビドーは、現実や想像上の性的欲望、情欲、官能的な欲望といったさまざまな欲望を含んでおり、快楽原理に従うとされています。

1920年、フロイトはリビドーのような生の欲動（エロス）に対立するものとして、死への欲動（タナトス）の存在も提唱しています。タナトスは、無機物の不変性へと突き動かされる本能だとされています。

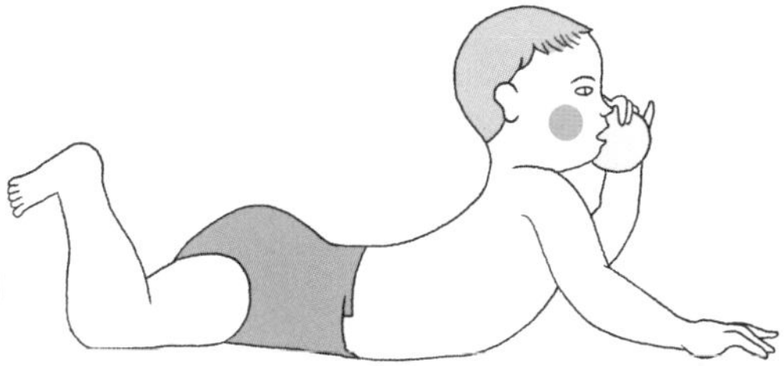

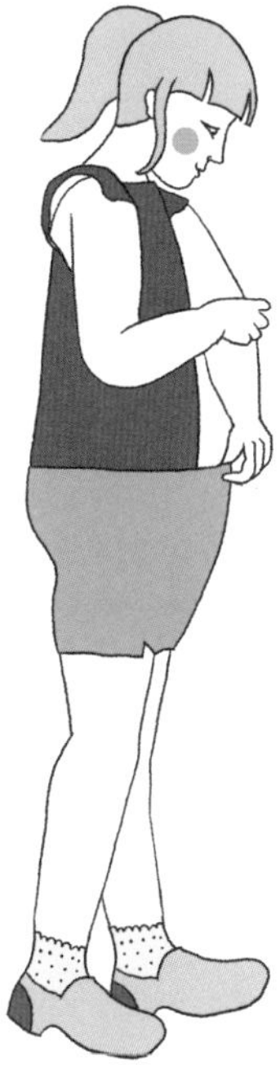

生後７年のうちの心理性的発達段階説

快楽を求める原動力となる性欲（リビドー）は、身体の成長とともに体のさまざまな部分と結びつくことになります。フロイトは「性的興奮は身体のどの部分でも感じることができる」として、5段階の心理性的発達段階説を提唱しています。その5段階のなかでも、子どもは生後7年のうちに次の3つの成長段階を経験します。

— 口唇期（1歳半まで）：授乳、おしゃぶり、物や手をくわえることなどにより快楽を感じる段階。

— 肛門期（1歳半～3歳）：肛門括約筋をコントロールしたり尿を溜めたり排泄したりすることで快楽を感じる。

— 男根期（3歳～7歳）：性器への好奇心と快楽とが結びつく段階。

このような3段階の後に潜在期、その後、思春期には性器期が訪れます。この時期になると、大人として性行為ができるようになります。

豆　知　識

成人の神経症、依存症、性的倒錯は、リビドーの発達段階と関係があるといわれることがあります。たとえばアルコール依存症は飲むことによって快楽を感じる口唇期への執着であり、強迫神経症は身体のコントロールを身につける肛門期への執着だといわれています。

PSYCHOLOGY

PART 3

治療のための精神分析学の基礎理論

心理的外傷（トラウマ）、幻想、無意識、エディプス・コンプレックスなど……フロイトはこれらの精神分析学の土台となる考え方やそれに関連する治療法を徐々に確立していきました。

神経症の理論であるニューロティカ

フロイトは、ヨーゼフ・ブロイアー（P.45）と1895年に出版した『ヒステリー研究』において、ヒステリー症状（麻痺、けいれん、呼吸や視覚の障害、気絶などといった従来は説明困難とされてきた生理現象）の原因が精神的なものであると主張しました。患者は嘘をついているわけでも、錯乱しているわけでもないというのです。フロイトは自身の神経症の理論を「ニューロティカ」とよびました。

それによると、子どもの頃に近親者から性的虐待を受けた人は、その出来事とそのときの感情を抑圧することがありますが、その記憶と影響は意識の外に追いやられたとしてもなくなったわけではないため、不安発作などのさまざまなヒステリー症状となって再び現れることがあるといいます。これらの症状を解消するためには、問題となった出来事を再び思い起こして言語化する必要があるというのです。

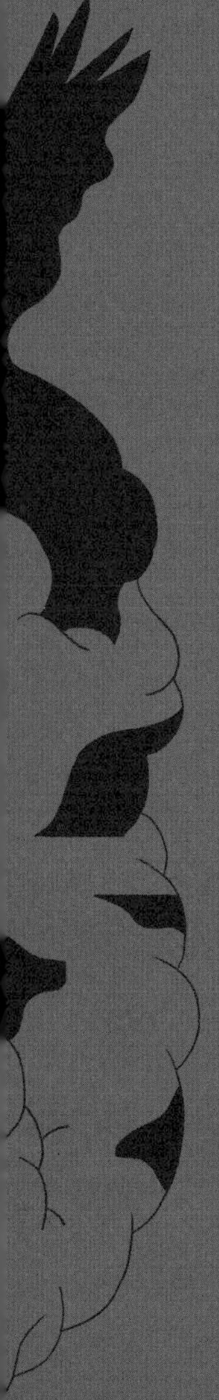

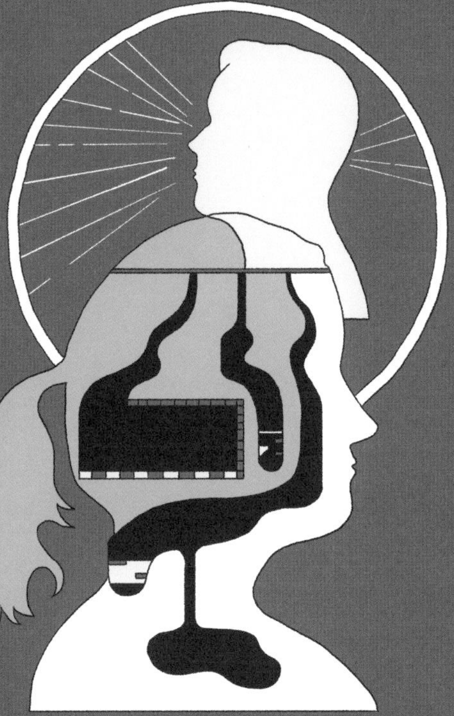

無意識とエディプス・コンプレックス

フロイトは、友人への手紙の中で、患者の話からは、空想と現実を区別することができず、「患者の父親は全員が性的倒錯の罪で訴えられなければならなかった」といっています。

そこでフロイトは理論に変更を加え、「患者が語る性的虐待は、空想や想像の産物であったり、『経験と噂の組み合わせ』であったり、あるいは意識的または無意識的な欲望だったりしたとしても、それはヒステリーの原因となりうる」としました。

フロイトはその証拠として自身が母親に抱く「性愛感情」と、父親に対して抱く「嫉妬心」を取り上げて説明をしています。この中で登場するのが有名なエディプス・コンプレックスです。これは子どもが無意識のうちに異性の親を愛し、同性の親に対抗心を抱く概念で、意識されない精神世界の一部であって、目に見えないかたちで私たちに影響を与えているとフロイトは考えるようになりました。

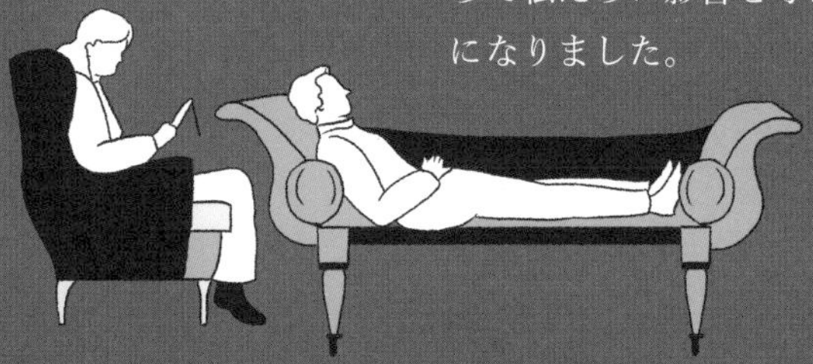

精神分析の治療法

精神分析家の診察室では患者は「被分析者」とよばれ、ソファに横になった姿勢で治療を受けます。精神分析家は患者の後ろまたは隣のひじ掛け椅子に座るため、患者からは姿が見えません。

フロイトによると、このときのルールはたったひとつで、「患者は頭に浮かんだことはすべて話さなければならない」というものです。これを「自由連想法」といい、分析者は先入観や偏見を抱かずに患者の話に耳を傾けます。分析者が何物にも囚われることなく思考することにより、少しずつ患者の語る出来事や話、言葉の間に関連性が見えてくるのです。

豆　知　識

精神分析では、患者が、自分にとって特に重要な人物に対して抱いたことのある欲望や感情を分析者に向けることがあります。この現象は「感情転移」とよばれています。

PSYCHOLOGY

PART

3

夢、無意識へ向かって

夢は精神分析学の理論的、実践的な支柱のひとつです。自分の見た夢をもとにして執筆した著作の中で、フロイトは人間の隠された欲望へとつながる不思議な「夢」の世界に光を当てました。

「夢」＝無意識的欲求の表れ

1899年に出版された『夢判断』は、フロイトが「自己分析」とよんだ研究成果の要となるものでした。

フロイトは父ヤーコプの死後、自身の夢を記録するようになっており、夢の分析をもとに、自分がヤーコプに対してエディプス・コンプレックスや愛と憎しみのような相反する感情を抱いていると推論したのです。

夢は満たされなかった無意識的欲求の表れであり、その欲求のルーツは幼少期にあるとされます。日中は道徳的な理由で抑圧されているこの欲求は、夜寝ているときに姿を現します。このように、睡眠は自己規制の壁を取り払いますが、それは壁の一部分を取り払うのにすぎません。だから、無意識の欲求を全面的に解読するには謎解きのような作業が必要になるのです。

夢の3大カテゴリー

夢は以下の3つのカテゴリーに分類することができます。

― 開かれた夢：明らかに欲望を表している、容易に理解可能な夢。精神が規制不要と判断した場合や、内面に自己規制の壁ができていない子どもの場合に、このような夢が現れる。

― 不明瞭な夢：口には出せない欲望を、それを象徴する暗号によって包み隠された夢。

― 耐えがたい夢：耐えがたい欲望がはっきりと現れており、あまりの不快さゆえに目を覚ましてしまうような夢。

豆　知　識

悪夢はどう解釈すればよいでしょうか？　フロイトは悪夢についてほとんど言及せず、「耐えがたい夢」と分類しています。しかしフロイトは著書の中で、外傷性神経症を患う患者は、夢の中で「事故の起こった状況に常に引き戻され、そのたびに新たな恐怖を感じて目を覚ます」ことを認めています。つまり悪夢を見る患者は、トラウマに精神的に縛られていると考えられたのです。

夢の読み解き方

では、どのようにして夢を読み解くのでしょうか？　夢はいくつかの段階を踏みながら潜在的な思考を具現化します。

たとえば、夢は映像を使って感情の状態を翻訳することがあります。精神分析家のアンヌ・デュフールマンテルによると、ある患者が、三つ編みにした少女が出てくる夢を見たことを診察室で思い出したそうです。そのことを口にすることで、その夢からその女性患者がいま非常に行き詰まった不幸で困難な状態に陥っていることを理解したといいます（三つ編みは、夢分析で苦悩を示すため　P.66）。

また、フロイトは夢分析の際に注意すべきふたつの大きな罠について説明しています。

— 圧縮：夢の中では、複数の現象や事物、人物をひとつの対象にまとめてしまうことがある。

— 遷移：夢の中で中心的に見えるものは必ずしも重要なわけではないため、夢の細部に注意を払う必要がある。

PSYCHOLOGY

PART 3

アドラーによる「個人心理学」

オーストリア出身の医師、心理療法士のアルフレッド・アドラー（1870 年～ 1937 年）は、個人心理学の創始者であるとともにフロイトたちの精神分析運動から決別した人物です。彼は、社会（対人）的関係の重要性と自分の限界を乗り越える可能性を信じていました。

フロイトとアドラーの個性の衝突

外向的な性格だったフロイトに対し、アドラーは内向的で控えめな性格でした。また、彼は「精神分析の父」であるフロイトの一番弟子というわけでもなければ、その理論に賛同していたわけでもありませんでした。

フロイトの研究グループに参加した時期もありましたが、後に見解の相違からフロイトと決別しました。アドラーはリビドーのような性的な欲動は必ずしも重要なものではないと考えていたのです。アドラーの「個人心理学」の理論によれば、人間の本質的な関心は、社会の中で仲間と共存することにあるとされています。

兄に対する「劣等感」

6人兄弟の次男として生まれたアドラーは、幼い頃、体が弱く病気がちだったこともあり、兄に対して劣等感を抱いていました。「人間であることは劣等感をもつことである」という彼のたどり着いた結論は幼い頃の苦悩を反映したものといえるでしょう。

「子どもは他者に大きく依存した環境の中で劣等感を抱きながら成長する。また、私たちの身体には誰でもひとつやふたつ思いどおりにならない器官があり、それを原因とする身体的な脆弱性にみな苦しんでいる」という認識に基づき、アドラーは、「器官劣等性」という概念を心理学に取り入れました。劣等感を克服できないまま大人へと成長することで神経症を発症しやすくなると考えたのです。

自らの弱点を補おうとする「補償」

アドラーによれば、人間は生涯を通じて身体的・心理的な劣等感を克服しようと試みますが、その際に無意識的に用いられるのが「補償」とよばれるメカニズムです。劣等感を克服して自らの弱点を補おうとすることですが、これにより人間は自己を実現し、器官劣等性を乗り越えることができるといいます。

アドラー自身、苦悩した幼少期を乗り越えるため、多大な努力を積み重ねて医師になったのではないでしょうか。

年譜｜アドラー

1870年	オーストリアのウィーンで生まれる
1895年	医学部を卒業
1902年	フロイトと出会う
1911年	フロイトのウィーン精神分析協会を脱退
1913年	個人心理学会を設立
1937年	スコットランドで講演旅行中に心臓発作のため死去

豆知識

最晩年の1937年、アドラーはフロイトのことを「ずる賢い詐欺師であり、また策略家である」とし、「自分は弟子になったことなどない」とまでいっています。

自分自身の世界観である「ライフスタイル」

人間は幼い子どもの頃から自分自身の世界観を作り上げていきます。このことをアドラーは「ライフスタイル」とよんでいました。これは「個人が自分自身や外界に対して与える意味や目標、あるいは努力の方向性のことです。また、人生のなかで直面した問題に対処するための手段」を指すものであるとされています。

「ライフスタイルの全体の中から誤りを見つけなければならない。（中略）これこそが心理学の本来の役割なのである」とアドラーは述べています。

PSYCHOLOGY

PART
3

ユングによる「分析心理学」

人間の内面には、性欲やエロスだけではなく、神秘主義的なものも存在する。このような考えから、カール・グスタフ・ユングはフロイトの後継者と考えられていたにもかかわらず、いくつかの点でフロイトに異議を唱え、最終的には決別することになりました。

フロイトが後継者としたユング

「私の一生は、無意識の自己実現の物語である[1]」。これはカール・グスタフ・ユング（1875年～1961年）の言葉です。スイスの牧師の家に生まれ、独学で育ったユングは、幼少期から自分の内面に強い関心を抱いていたようです。

チューリッヒ大学の精神科医オイゲン・ブロイラーのクリニックでおよそ10年間働いた後、フランスに留学し、ピエール・ジャネ（P.41）のもとでヒステリー症状や催眠術について学びました。そして1906年、フロイトの研究に興味をもって接近したのが共同研究のはじまりでした。

1『*Erinnerungen, Träume, Gedanken*（私の人生―記憶・夢・思考）』ガリマール社、パリ、1967年

フロイトとユングの決裂

1912年、ユングはフロイトの理論に公然と反対する論文『リビドーの変遷と象徴（*Wandlungen und Symbole der Libido*）』を発表しました。その序文には、「私はフロイトとのありとあらゆる友好的な関係を（中略）失うことになるだろう」と記されており、さらには「フロイト心理学は息が詰まるほど狭量だ」とまでいっています。

リビドーは性欲に基づくエネルギーではないとユングは主張しています。リビドーは精神的なものであり、その領域はフロイトの定義よりもはるかに広大なものだというのです。精神分析学の父フロイトの定義は性欲に偏りすぎていて、夢、神話、イメージなどの想像の世界について十分考慮できていないとユングは考えたのです。彼のいうリビドーとは、食欲、権力欲、創造力、性欲だけでなく「神的な体験」、つまり「魂の自発的活動」とも関係があるのです。宗教的な感覚は無意識の中に刻み込まれていると考えたユングは神秘主義に没頭していきました。こうして、ついに1913年、フロイトとユングは完全に決裂したのです。

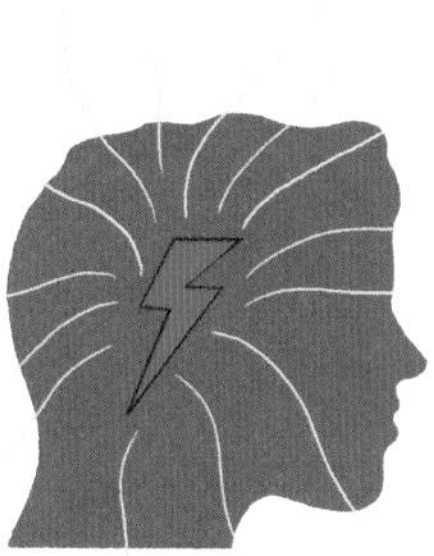

リビドー

分析心理学の治療としての対話

ユングが自らの研究を「分析心理学」と定義したのは1913年8月のことでした。精神疾患の原因を探っていたフロイトとは対照的に、ユングは「人はいかにして『自分』となるのか」という精神活動の結果に対して興味をもっていました。神経症の解決よりも「自己実現の過程」を重視したのです。

ユングが重要だと考えたのは、社会的アイデンティティの仮面を外し、意識と無意識がバランスを取り合って、ひとつの心の全体性が保てるように、自己の内面を変えることでした。

分析心理学における治療の対話は多かれ少なかれ管理されたかたちで行なわれます。たとえば、精神分析家が「子ども」「花」「青」「不安」など400語の「誘導語」の中からひとつの単語を選び、患者にはそれを聞いて真っ先に思いついた単語を答えてもらいます。この答えをもとにして、精神分析家は自分が患者の心の重要な部分に触れているかどうかを判断することになります。

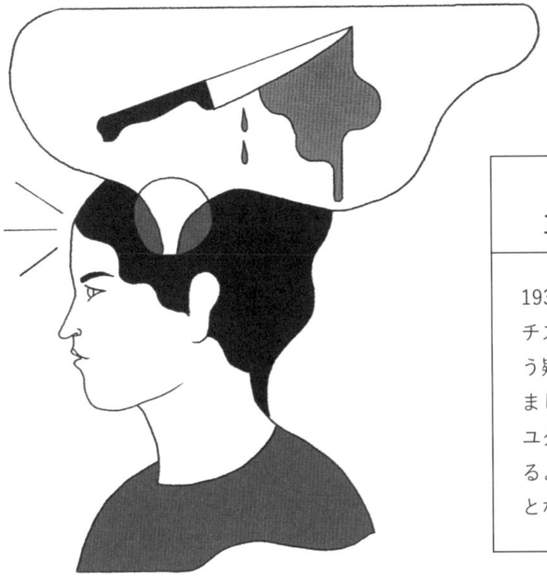

豆知識

1932年以降、ユングはナチズムに加担しているという疑惑をもたれ、非難されました。彼がアーリア人とユダヤ人の無意識を比較するような主張をしていたことなどがその理由でした。

PSYCHOLOGY

PART 3

人の精神活動には幻想的な力がある

人間の精神活動について、フロイトが科学的な視点だったのに対して、ユングはより宗教的な見方をしました。人間の精神活動には幻想的な力があるとユングは考えたのです。

いにしえより受け継がれる、集合的無意識

ユングのいう無意識と、フロイトのいう無意識は同じではありません。ユングは、①無意識は「意識の母体」であり、無意識から意識が少しずつ形成される、②無意識は個人的無意識と集合的無意識の二重構造をとっているといいます。

個人的無意識はその名の通り個人的な生活のあらゆる要素を含むものであり、意識によって抑圧された記憶、精神状態、意識されなかった出来事の「本当の意味」、「免れようとしてきた」批判や自己批判がそこに位置づけられます。意識による影響をもっとも受けるのがこの個人的無意識です。

集合的無意識は、心の奥深くにあり、あらゆる歴史、痕跡、「数百万年にわたる人類の進化」がまとめられています。

元型《アーキタイプ》：アニマとアニムス

集合的無意識の領域には、明確なものは何もありません。あるのはイメージ、表象、能力、象徴的形状、モチーフなどで、古代から人類が語り継いできた神話や物語の中に登場するものです。ユングはこれらを人類に共通する心の動きとして「元型《アーキタイプ》」とよびました。そこに含まれているのがアニマとアニムスです。

アニマは男性の中にある女性的な補完部分、アニムスは女性の中にある男性的な補完部分のことです。たとえば愛する人に対して、男性は自分のアニマを、女性は自分のアニムスを投影するといわれます。その姿は他人や自分自身との関係に依存しています。だからこそ、私たちは自分のアニムスやアニマを認識し、それを克服し、支配することで、自己実現を妨げる偽りの姿から自分を解放しなければならないのです。

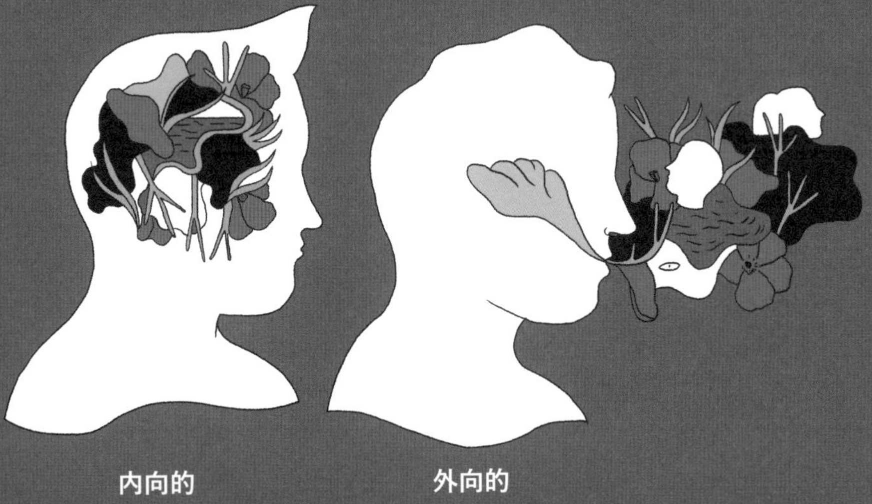

豆　知　識

ユングは精神世界と現実世界は統一的なものであるという確信に基づいて、「シンクロニシティ（共時性）」という概念を提唱しました。これは「意味のある偶然の一致」といった意味の言葉ですが、無意識が表にあらわれる夢や予感によって示された光景が現実世界の出来事と一致することで、意味づけされると彼は考えたのです。

人の性格は８タイプ

ユングは、人間の生来の性格を外向的と内向的の２種類に大きく分けました。

外向的な人の場合、精神的なエネルギーであるリビドーは外界でのさまざまな相互作用によって養われるのに対し、内向的な人の場合、リビドーは内面的な思考や感情によって養われます。ユングはこのふたつのタイプの性格の区別を、直感、感覚、感情、思考という４つの主要な心理機能と結びつけました。

たとえば、外向的直感型、内向的思考型などといったように、人の性格は８つのタイプに分けられます。ユングは、誰もがこうしたタイプに基づく「個人的方程式」をもっていると考えました。

PSYCHOLOGY

PART 3

ウィニコットによる「児童精神分析学」

イギリスの小児科医ドナルド・ウッズ・ウィニコットは、児童精神分析学の父ともいえる人物です。彼は幼い子どもたちを対象とした臨床経験をもとにして、現代にも通じる先駆的な基礎理論を導き出しました。

子どもたちに行なったユニークな治療

イギリスの港町プリマスで育ったドナルド・ウィニコット（1896年〜1971年）は、20年にわたり小児科医として勤務した後、児童精神分析医となりました。

フロイトを敬愛していたウィニコットですが、精神分析学の主流から離れることを恐れず、乳幼児の身体、動作、感情のつながりの観察に基づいた独自の診療を行ないました。「思考は経験と結びついている」と考え、子どもたちの治療を通して理論的な結論を導き出しました。「赤ちゃんなど存在しない」というのが彼の口癖だったといいます。

「ほどよい」母親という感覚

「『赤ちゃんなど存在しない』という言葉は、母親や母親のような存在はいないということも意味している」とウィニコットはいいます。これは、母親として完璧になろうとする必要はないということです。乳幼児にとって必要なのは、母親やおっぱい、哺乳瓶、お気に入りのおもちゃなどといった自分が必要とするものが必要なときに与えられるという感覚です。

また、ウィニコットは母親による「抱っこ」と「あやし」が重要であるといいます。「抱っこ」とは、子どもを物理的に抱きかかえるだけでなく精神的にも支えてあげることであり、「あやし」とは子どもを世話し気遣い、遊んであげることです。養育機能を担う存在としての「母親」がこれらを行なうことにより、乳幼児の発達に欠かせない安心感と連続性の感覚を与えることができると考えました。

豆　知　識

ウィニコットは、内的世界と外界とをつなぐ架け橋である「遊び」こそ子どもにとって重要であると考えました。彼は、赤ちゃんと遊ぶことを親にすすめるとともに、「スクイグル法」とよばれるアートセラピーを考案しました。これは、セラピストが描いた殴り書きをもとに子どもが新たな絵を描き、次はセラピストがこれを変形させる……というようにセラピストが「終わり」というまで順番に絵を描いていく治療法です。セラピストは、子どもの苦痛や苦悩がどこにあるのか、特定できるまで続けます。

子どもにとってのぬいぐるみ

子どもにとってのぬいぐるみの重要性といった大きな発見もウィニコットによってもたらされました。「移行対象」とよばれる概念です。

生後６～８か月頃になると、子どもは特定のもの（ぬいぐるみ、衣類、毛布やタオルなど）に「愛着を感じる」ようになります。そして、この愛着の対象のおかげで、子どもは「母親そのものに対する欲求から解放」されるとともに、自分が依存している存在から離される不安に耐え、自分の身に起こることをコントロールできるようになるといいます。いずれは手放すことになるこの移行対象のおかげで、人間は自らの内面や「１人でいられる能力」を発達させることができるのです。

PSYCHOLOGY

PART 3

「精神薬理学」と向精神薬の発見

1951 年、神経生物学者のアンリ・ラボリは、ある分子が人間の精神を落ち着かせる作用をもっていることを偶然見つけ出しました。これが精神薬理学を大きく発展させました。

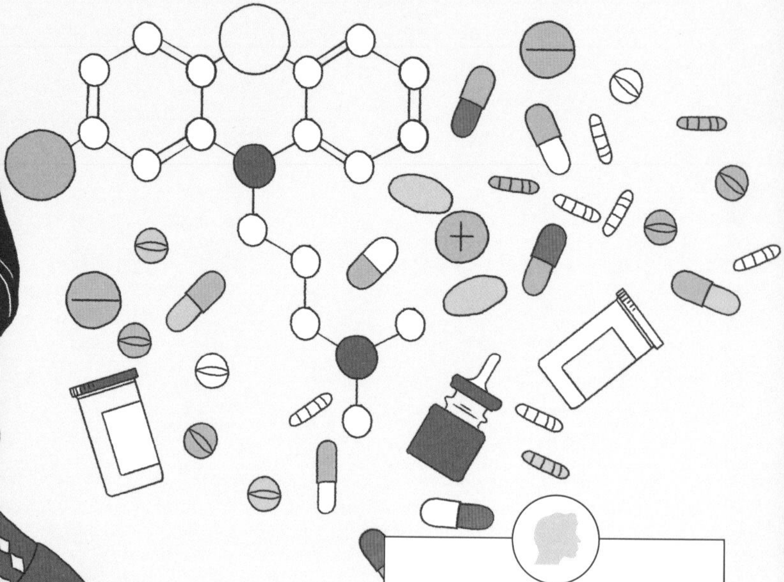

ラボリ、ドレ、ドニケルの革命トリオ

フランスの神経生物学者アンリ・ラボリ（1914 年～ 1995 年）は風変わりで魅力的な人物でした。1951 年、ラボリは麻酔についての研究中にクロルプロマジンという分子に精神安定作用があることを発見しました。彼はその作用を精神医学に利用しようと考え、1952 年にパリ大学医学部の付属病院サンタンヌ病院のジャン・ドレ教授（1907 年～ 1987 年）とピエール・ドニケル教授（1917 年～ 1998 年）を説得して、興奮状態や精神錯乱状態に陥った患者にクロルプロマジンを投与しました。ラボリの予想は的中し、クロルプロマジンによって精神の錯乱や幻覚の症状が緩和、軽減されたのです。

豆知識

向精神薬クロルプロマジンを投与された全患者のうち、「3 分の 1 の患者は治療後に症状が消失したが、3 分の 1 の患者は症状の改善がみられなかった。残りの 3 分の 1 は症状が和らいだか部分的に改善した[1]」。精神科医のマリオン・ルボワイエとピエール＝ミシェル・ロルカが出版した著書にはこのように書かれています。

1『*Psychiatrie : l'état d'urgence*（精神医学：緊急事態）』ファイヤール社、パリ、2020 年

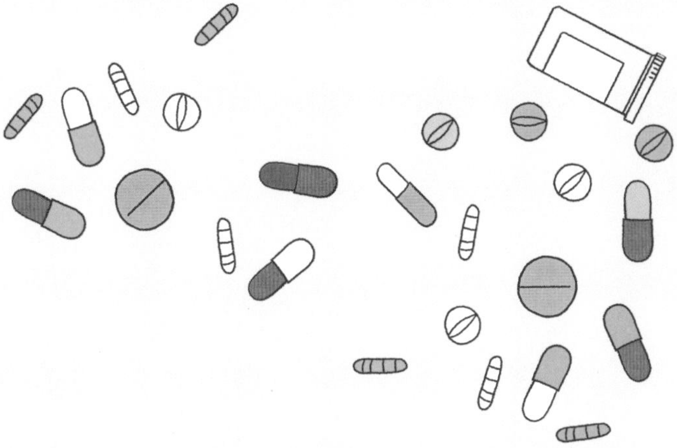

向精神薬の７つの分類

ラボリによる向精神薬の発見以降、1950年代から1960年代にかけて精神薬理学は目覚ましい発展を遂げました。その後の研究は停滞しましたが、現代に至るまで向精神薬の消費拡大の勢いは止まることがありませんでした。ジャン・ドレとピエール・ドニケルは、向精神薬を「天然または人工の化学物質で（中略）精神活動を変化させる作用があるもの」と定義したうえで、いわゆる「向精神薬」を次のように７つに分類しました[2]。

― 神経弛緩薬：主として重度の精神疾患（現実感消失、精神の錯乱、幻覚など）の場合に処方される。

― 精神安定剤・抗不安薬：恐れや不安を軽減する。

― 催眠剤・睡眠導入剤：睡眠を誘発し、持続させる。

― 抗うつ剤：うつ状態だけではなく不安や悲しみがある場合にも処方される。

― 精神刺激薬：精神活動を高める興奮剤の一種。

― オピオイド系鎮痛剤：脳や脊髄に作用する鎮痛剤である。2017年にアメリカで過剰摂取による死者数が急増したことでも知られている[3]。

― 気分安定薬：双極性障害などに適応のある炭酸リチウムなど。

2 1957年のドレとドニケルによる分類

3「Annual surveillance report of drug-related risks and outcomes / United States（薬物関連リスクとその結果に関する年次調査報告書／アメリカ）」アメリカ疾病管理予防センター（CDC）、2018年

奇跡の治療法といえるのか？

向精神薬は、それまで恐怖や暴力、沈黙、監禁以外に対処のしようがなかった分野にも精神医療を提供することを可能にするものであり、治療に革命を起こすものであったことは事実です。

確かに向精神薬により患者の苦しみは和らぎ、重症患者と看護者との間に絆が生まれるようにもなりました。

しかし、一方で震えや体のこわばり、不整脈などといった重篤な副作用や依存症・中毒のリスクがあることも事実です。

PSYCHOLOGY

PART

3

アンリ・エーと「器質力動論」

あるときは神経学と精神分析学を結びつけ、またあるときは人間的な治療を求めて活動し、そしてまたあるときは患者の治療に身をささげる……。精神科医アンリ・エーの闘いは、理論から臨床に至るまであらゆる場面にわたりました。

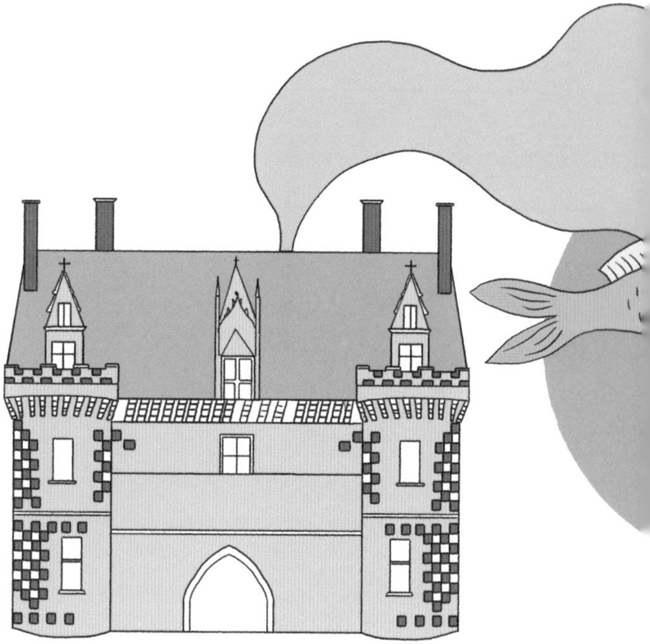

精神医学の「教皇」、アンリ・エー

「精神疾患は自由意志を破壊する、いわば自由の病である」。こう考えたアンリ・エー（1900年～1977年）は、患者を解放するために闘いました。精神分析と神経学のどちらか一方のみを選択することを拒絶し、中立の道を開拓したのです。

エーは大学で哲学と医学を学んだ後、フランスのサンタンヌ病院でジャック・ラカン（P.64）らとともに研修を受けました。学識豊かで優秀だったエーは、多くの病院の改革にも関わり、神経科学、フロイト心理学、また哲学をも組み合わせた統合的なアプローチを考案しました。

豆　知　識

信念の人であったエーは、自分の専門とする精神医学分野の価値を高めたいと考え、1950年には世界精神医学会を創立しました。

ボンヌヴァル病院への道

1933年、パリで臨床研修を終えたアンリ・エーは、フランス中北部にあるボンヌヴァル精神病院の医長に就任しました。この病院は857年に創立されたベネディクト会修道院の建物を、1861年から精神病院として利用するようになったものですが、エーの赴任により大きな変貌を遂げました。彼は、この質素な病院を研究の場に変えたのです。そこで開催されたシンポジウムは評判をよび、出版されたその成果は今でも高く評価されています。

1950年代になると彼は病院内に「睡眠病棟」をつくりました。そこでは淡いブルーの光に包まれた「海の風景を再現したような幻想的な雰囲気」の中、6～7人の患者たちが3週間にわたる「睡眠のためのクルーズへと旅立った」といいます。その船旅においては、「集会室の水槽で泳ぐ金魚、そしてゆったりとした音楽のおかげで患者たちの症状は鎮静化され、一時的な退行を示す者もあった」そうです[1]。

1『*Soigner les fous*（精神疾患の患者の治療）』ミシェル・ケール、ヌーヴォー・モンド社、2019年

■ フロイトの精神構造図

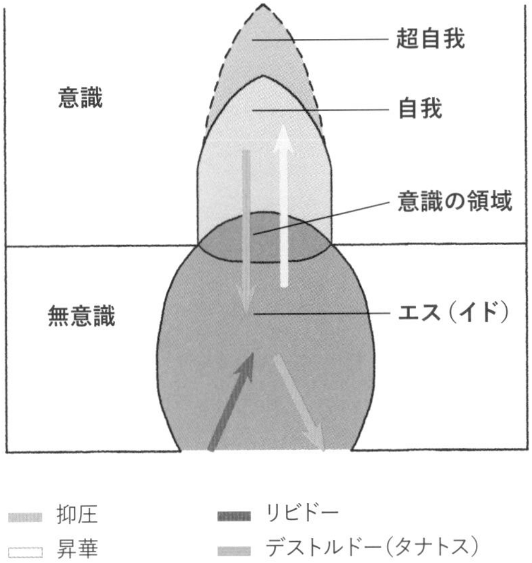

統合された理論

アンリ・エーは、精神的な苦痛は多方面に検討されなければならないと考えました。1936年には生物学、神経学、社会環境論、精神構造論を基礎とする「器質力動論」を提唱しました。

さらに精神疾患は脳など器質的原因だけでなく、心理的要因、社会環境的原因などが絡まり発症すると考えています。「精神疾患は、夢と同様に意識の混乱によって生じる現実性の病であり、自由の病である」とエーはいいます。その治療法は患者の声に耳を傾けるという点で、ジャック・ラカンが考案した精神分析的アプローチを支持していました。

PSYCHOLOGY

PART 3

型破りな精神分析学の大家、ラカン

フランスではフロイトに次ぐ精神分析学の大家とされているジャック・ラカンは、優秀であり、型破りで妥協を知らない性格でした。精神疾患の治療と理論におけるその大きな足跡は今日も受け継がれています。

存在のための家庭との断絶

ジャック・ラカン（1901 年～ 1981 年）は、カトリックのブルジョワ家庭の長男としてパリに生まれました。同居する両親との葛藤を抱えた父親と敬虔なカトリック信者の母親とに囲まれた息苦しい雰囲気の家庭だったといいます。その生活は宗教色が濃いものであり、彼の弟はベネディクト派の修道士になりました。

成績優秀だったラカンは、中等教育期間中は文学や哲学に没頭することで家庭生活から逃避しました。特にスピノザ（オランダ出身で、デカルトと並ぶ 17 世紀の近世合理主義哲学者）の思想に強い影響を受けたといいます。

大学では、生まれ育った環境を離れ、医学を学び、精神医学を専門とした一方で、シュルレアリストなどの芸術家たちとも交流を重ねました。

文学、哲学、言語学は、ラカンに多くの理論的素材を与えました。精神の自由を重視したラカンは、問題の発生を恐れることなく自分の欲求を貫きました。公立病院を離れて個人診療所を開くと、1953 年にはフランスのフロイト派を代表する団体であるパリ精神分析学会の会長となりました。

豆　知　識

美術の愛好家でもあったジャック・ラカンは、1955 年にはギュスターヴ・クールベ（1819 ～ 1877 年）の絵画『世界の起源（*L'Origine du monde*）』を入手しました。これは女性器を描いたことで知られる有名な作品です。ラカンは、義兄で画家のアンドレ・マッソン（1896 ～ 1987 年）にこれを隠すための別の絵画『*Terre érotique*（官能的大地）』と、二重構造の額縁の制作を依頼しました。

師に受けた影響から

ラカンの研究の基礎となったのは精神疾患でした。精神疾患とは、患者が無意識に作り出し、現実だと思い込んでいる強迫観念や妄想、幻覚のことだとラカンは考えました。

ラカンが精神医学に興味をもつようになったのは、熱情妄想病を専門とする精神科医で、研修中の指導医でもあったガエタン・ガティアン・ドゥ・クレランボー（1872年～1934年）の影響であり、ラカンはクレランボーを「精神医学の唯一の師」とよんでいました。

ラカンの理論は「難解」なのか？

1960年代から80年代にかけて、ジャック・ラカンのセミナーは評判の集まりであり、多くの知識人たちが詰めかけましたが、参加者たちは必ずしもラカンの言葉を理解できていたわけではありませんでした。

ラカンの言葉は難解でした。彼の思想は複雑なうえに、医学、言語学、哲学、民族学、精神分析学などといったさまざまな学問分野にまたがるものであったからです。初心者にとって、ラカンの理論を理解することは、まるで曲がりくねった険しい坂道をよじ登るかのような試練でした。

PSYCHOLOGY

PART 3

ラカンの難解な概念

ラカンが構築した広範な理論体系は複雑かつ難解なため、容易に理解できるものではありません。しかし、ラカンの思想に興味をもつことで、自らの先入観から解放されて、新たな世界を発見できるかもしれません。

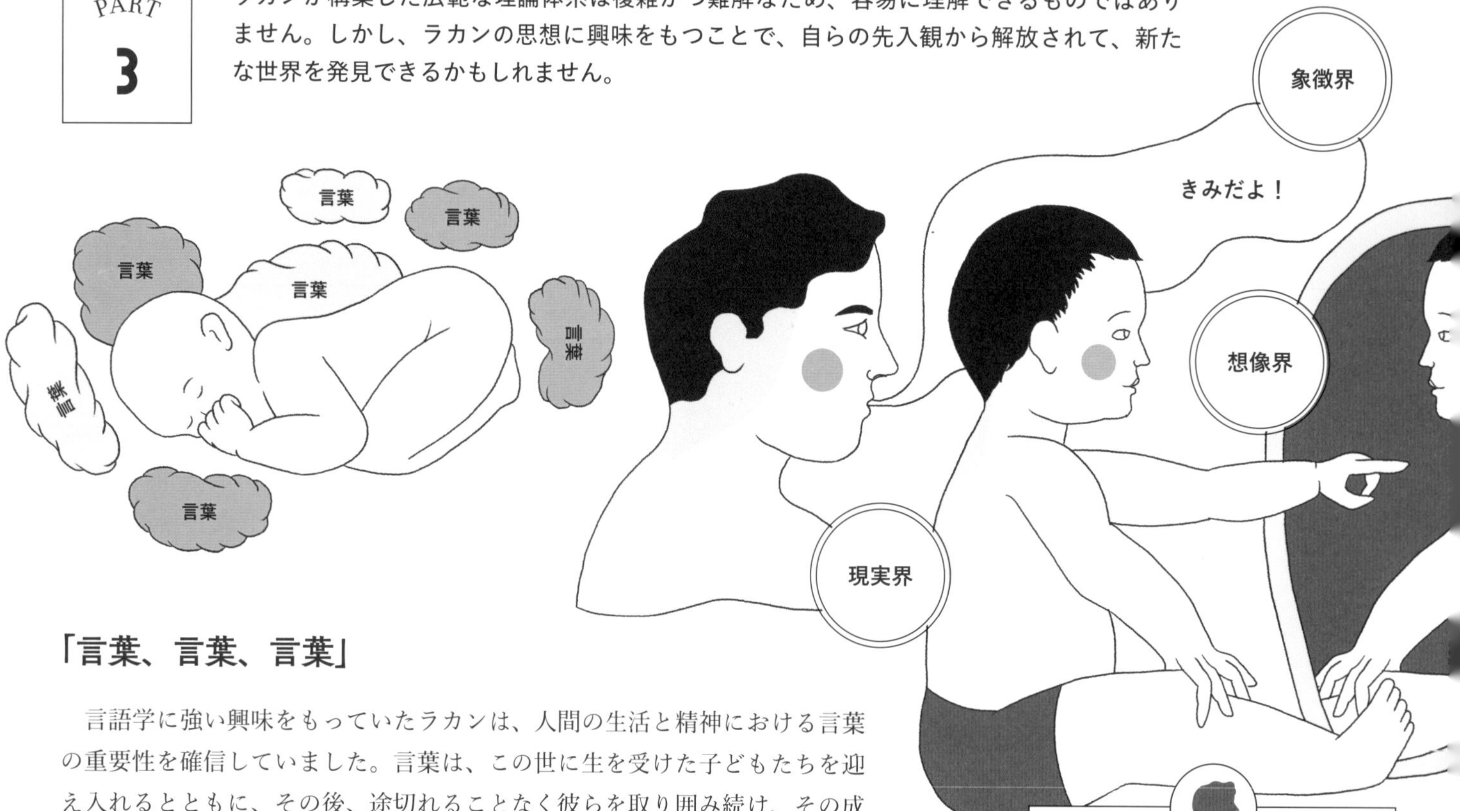

「言葉、言葉、言葉」

言語学に強い興味をもっていたラカンは、人間の生活と精神における言葉の重要性を確信していました。言葉は、この世に生を受けた子どもたちを迎え入れるとともに、その後、途切れることなく彼らを取り囲み続け、その成長と存在のすべてに対して影響し続けるのです。

言葉遊びの名手でもあったラカンは、「言存在《げんそんざい》（話す存在）」という言葉で、このことを表現しています。言葉は、私たちが自分のアイデンティティを自覚する際に重要な役割を果たします。

たとえば、生後６か月～１歳半くらいの子どもを鏡の前に座らせると、子どもは鏡に映った姿が自分であることを理解しています。これはそこに映っているのが自分であると親が言葉で教えてくれるからです。意識されていようがいまいが、私たちは言語によってつくりあげられている――こう考えたラカンはフロイトへの回帰を主張しました。たしかに、フロイトは夢の中に現れた物事に関連する言葉の音声的な意味に注意を払いながら、夢の解読を行なっていたのでした（P.51、夢に登場した少女の三つ編み（tresse）は苦悩（détresse）を意味すると考えられました）。

豆　知　識

ラカンと夕食をともにしたことのあるイタリアの作家で記号学者のウンベルト・エーコ（1932年～2016年。著書に1980年発表の『薔薇の名前』がある）は、その際にラカンが深刻な個人的危機から抜け出すための方法を自らのナイフを使って説明してくれたと語っています。

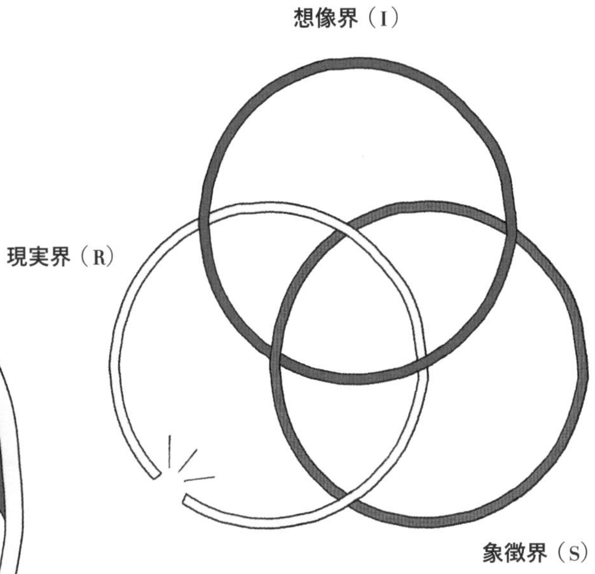

ボロミアン環

現実界・象徴界・想像界という重要な領域

ラカンは、人間にとっては、象徴界（S）、想像界（I）、現実界（R）という「３つの重要な領域」があるといいます。左ページの子どもと鏡の例を使っていえば、想像界とは鏡によって反射された自分の姿の世界であり、象徴界とは鏡に映った姿に意味を与える親の言葉（「うん、きみだよ！」）の世界であり、現実界とは、意味のないあらゆるものや言語や表現から滑り落ちるものの世界を指します。現実界とは私たちが名前をつけることのできないものの世界ともいえるでしょう。

ラカンはこの３つの領域を「RSI」とよび、「ボロミアン環」という鎖のかたちで結びつけられていると考えました。ボロミアン環は狂気から人間の身を守ってくれるものである一方で、その結び目がひとつでも切れると他の結び目もすべてほどけてしまい、精神病を引き起こすとされています。

もっとも、アイルランドの作家、ジェイムズ・ジョイス（1882年～1941年）の場合のように、「執筆などの活動が３つの領域を再び結びつけることができるのであれば、精神病になることはない」とラカンは説明しています。

ラカンによる治療

ラカンは自ら構築した理論を基礎として新たな治療法を導入しました。特に重要なのは面談時間の柔軟化です。これにより精神分析を用いた治療の自由度は格段に上がりました。

被分析者（患者）が自分の幻覚をさらけ出す言葉を発すると、分析者は面談を中断します。中断することにより、被分析者は幻覚症状によってそれまで隠されていたものを表現するための扉を開くのです。被分析者が自分なりの結論を導き出し、その結論を言語化する余地を分析者が与えることで、幻覚症状を抑えることができるとしました。

PSYCHOLOGY

PART 3

「家族療法」という治療法

自分の殻から出て他者と相互的な関係を結んだり、他者とのつながりに興味をもったりすることで精神的な苦痛は癒される——このように考えるのが「システム理論」です。家族療法はシステム理論に基づく治療法です。

「システム理論」の基礎

「内面の葛藤のような精神状態は、機能不全となった環境によって引き起こされている」と考えられないでしょうか？　これは1950年代から60年代にかけて、カリフォルニア州サンフランシスコ近郊の都市パロアルトの研究者グループが展開した、「システム理論」の基礎となる仮説です。イギリス出身の人類学者グレゴリー・ベイトソン（1904年～1980年）がこのグループを創立したといわれています。

1950年代、ベイトソンのチームはある病院を拠点として統合失調症に苦しむ患者の行動の研究を行ないました。その際に彼らは、患者が両親との面会後に動揺し、危機的な状況に陥るのが多いことを発見したのです。

この研究の成果として生まれたのが「ダブルバインド理論」です。パロアルト学派によると、この矛盾したコミュニケーションの結果として、統合失調症という心の骨折・脱臼が引き起こされる可能性があるというのです。

患者をとりまく人間関係に目を向けた、「ダブルバインド理論」

システム論者や家族療法のセラピストは、「おかしな人がいるのではない、おかしな人間関係があるだけだ」といいます。そして、人間関係に混乱をもたらすコミュニケーションの方法の中でも、とりわけ「ダブルバインド」とよばれるものにスポットライトを当てます。

ダブルバインドとは、たとえば、子どもに対して「キスをしてちょうだい」と言った母親が、実際に子どもがキスするやいなや、「いやだ、頬が汚れちゃった」と言って嫌がってみせるような矛盾したメッセージのことです。子どもは母親を満足させようとして、不快な思いをさせてしまったことになります。このようなどうしようもない状況におかれた子どもは、そこから抜け出そうとして一貫性のない行動に走ってしまうのです。結論は簡単です。患者だけに焦点を当てるのではなく、患者を取り巻く人間関係や家族というシステムにも目を向けるべきだということです。

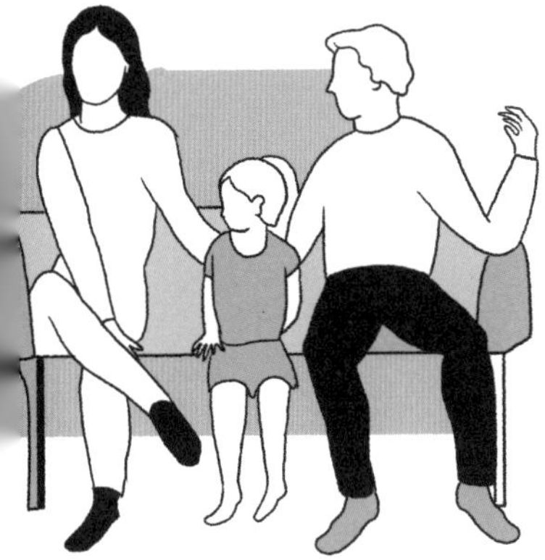

「家族療法」の進め方

面談には家族全員が参加し、通常は２人のセラピストが同席して参加者と対話します。１人または２人の補助者がマジックミラーの後ろから面談を観察し、家族の同意のもとに記録をとることもあります。

この面談の際には、そこにいる誰もが他の人とできるだけ自由に自発的な会話をすることが求められます。彼らの会話についてセラピストが興味をもっているのは、発話の理由ではなく発話の方法です。また、セラピストが参加者に対していくつかの行動をとるように指示することもあります。

認知行動療法（CBT）による治療

精神と行動に意識的に働きかける、自分を律する、間違って置かれたものを正しい場所へと戻す――これが1950年代以降とどまることなく発展してきた、認知行動療法が提案する精神疾患の治療法です。

人間は条件付けされた動物なのか？

行動学的アプローチは、犬とそして何よりもハトの行動の研究を基礎として発展しました。まず、ロシアの生理学者イワン・パブロフ（1849年～1936年）が「条件反射」を明らかにしました。犬がエサをみると唾液を出すことに気づいたパブロフが、犬にエサ（肉片）を与えるのと同時にベルを鳴らすようにしたところ、犬はベルの音を聞くだけで唾液を出すようになったのです。

パブロフに続いて、アメリカの心理学者バラス・スキナー（1904年～1990年）は、ハトを使った実験により「オペラント条件付け」を実証しました。この実験は、ハトにくちばしを使って押すことのできるふたつのレバーを与えるというもので、一方のレバーを押すと電気が流れ、もう一方のレバーを押すとエサが出てくるようになっています。こうすると、ハトは当たり前のようにエサが出てくるレバーを押すようになります。

人間もハトと同じなのではないかと考えたスキナーは、罰と報酬を用いることで人間の精神に対しても条件付けを行なうことができると主張したのです。1950年代以降、彼の理論は心理療法に応用されるようになり、再教育と自己効力感の育成による患者の症状の抑制が試みられました。

行動から認知へ

1970 年代以降、行動療法はもはや行動だけを対象とするものではなくなりました。行動療法は認知主義的なものへと変容したのです。いいかえれば、情報が脳のなかでどのように処理されるかという内的決定に対して焦点が当てられるようになりました。

たとえば、アメリカの精神科医アーロン・ベック（1921 年～ 2021 年）の認知療法は、「自分は嫌われている」、「世界は破滅に向かっている」などといった自分自身や世界に対する有害な認識をもたらす認知の歪みに働きかけ、ポジティブな考え方を促すものです。時代の経過とともに、認知行動療法の名の下にさまざまな手法が加わりましたが、その中でもマインドフルネスや瞑想法など東洋思想に着想を得た手法は、もっともよく知られているものといえるでしょう。

契約と目標

一般的に認知行動療法の枠組みは厳密に構造化されています。治療の内容は最初から明確なものとなっており、ときには契約書が作成されることもあるほどです。治療の第 1 段階は、恐怖症、不安、摂食障害などといった問題の観察と分析が行なわれます。次に、第 2 段階として患者とセラピストは達成すべき定量的な目標を設定します。10 分間自分の恐怖心と向き合う、1 週間ある特定の欲求をコントロールするなどといったかたちです。基本的に治療は対面で個別ですが、グループセラピーが行なわれることもあります。

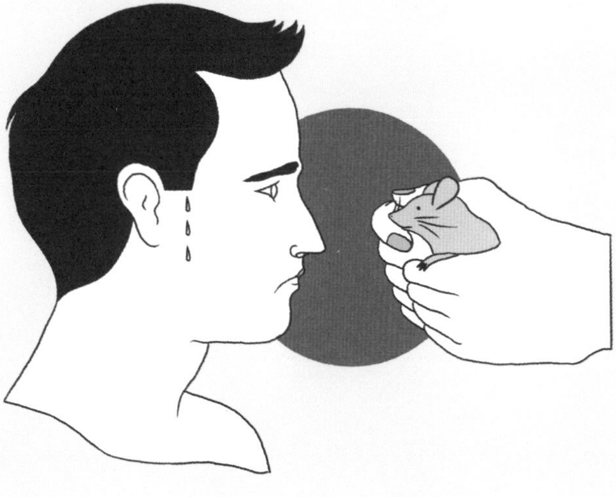

PSYCHOLOGY COLUMN

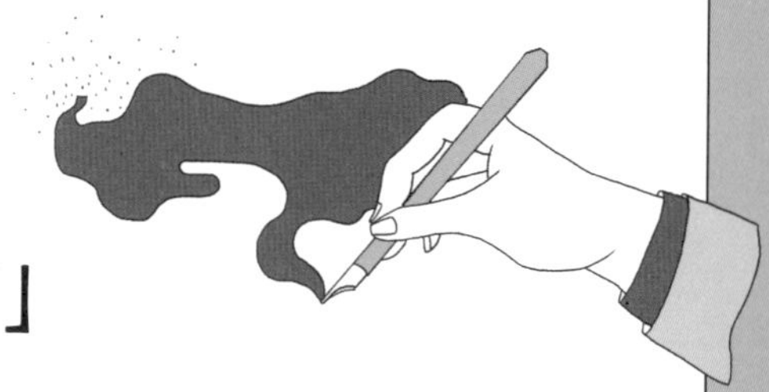

心理学における「学習」

たとえば「レモンを口の中でかんだところを想像してください」といわれると、口の中が酸っぱくなり唾液が出てくる傾向にあります。過去にレモンを食べたことのない人やレモンという言葉を知らない人は唾液は出ません。

実際にレモンをかじらなくても唾液が出てくるのは、何度もレモンをかじるという経験をしたことによって学習した反応といえます。

このように経験によって新しい行動や反応を身につけることは、心理学においては「学習」とよばれています。

この学習は大きく、「1回学習」と「強化による学習」とに分けられます。

「1回学習」とは、たとえば子どもが木から落ちるとその1回だけで高所を怖がるなどの学習をすることがあたります。

一方、後者の「強化」とは行動のたびに報酬を得ることで、新しい行動が身につきます。この「強化による学習」はさらに「観察学習」「直接経験による学習」とに分けられます。

「観察学習」は他の人の行動を見て学ぶので、社会的学習ともよばれます。一方「直接経験による学習」は自分が経験して学ぶことで、条件反射による「古典的学習」と自らの操作による「オペラント学習」とがあります。

古典的学習の基本的なメカニズムは「条件反射」であり、これを研究したのがP.70でも紹介されているパブロフの犬の実験です。また、オペラント学習の実験には、同じくP.70で取り上げられたスキナーのハトを使った実験が有名です。

学習のメカニズムの種類

- 学習
  - ・強化による学習
    - ・直接経験による学習
      - ・古典的学習
      - ・オペラント学習
    - ・観察学習（社会的学習）
  - ・1回学習

PSYCHOLOGY

PART 4

現代社会が抱える心の問題

現代では、いろいろな心の病に悩む人々が多くいます。
不安障害、強迫性障害、摂食障害、うつ病など……分類も細分化されてきており、
それぞれの治療法が日々研究されています。

PSYCHOLOGY

PART 4

心身を快適に機能させる睡眠時間の不足

2021 年の厚生労働省の調査によると、日本人の 20 ～ 50 歳代の多くが「日中に眠気を感じた」と回答しています。現代の私たちのライフスタイルは、慌ただしく不健康で不安になりがちです。その結果、夜は日中よりも落ち着かないものとなってしまったのです。

豆　知　識

睡眠薬の扱いには注意が必要です。睡眠薬がもたらすのは本当の眠りではなく、軽い麻酔のような意識の消失だからです。

日本人の平均睡眠時間

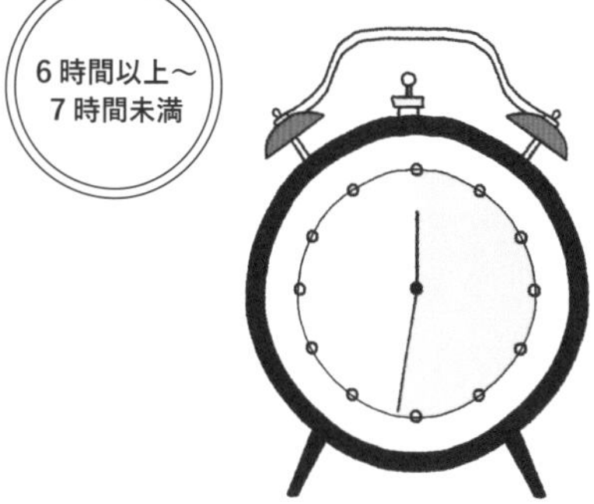

睡眠不足により疲労は蓄積される

騒音や光害、液晶画面の普及、テレワークによって失われた仕事とプライベートの境界線など、睡眠不足の原因は挙げればきりがありません。

1 日に 7 時間 30 分から 9 時間の睡眠が必要とされているのに、先ほどの調査をみると日本人の平均睡眠時間は、6 時間以上 7 時間未満といわれています。

睡眠時間を十分にとることで、うつ病や注意障害（注意散漫になること）のリスクを減らすことができるとされています。

また、ハーバード大学医学部の教授で精神医学を専門とするロバート・スティックゴールド（1945 年～）は、睡眠によって「免疫システムの活動や体内のホルモンバランス、感情や精神面での健康、学習や記憶の良好なプロセス、そして脳内の老廃物の除去機能」を維持できると説明しています[1]。

「極度の睡眠不足の状態が数か月続くと死に至ることもある。心身を最適に機能させるためには質の高い睡眠が必要だと証明された今日において、人間がモルフェウス（夢の神）の腕の中で過ごす時間がこれまでで最も短くなっているということは皮肉なことである」とスティックゴールドは嘆いています。

1 https://www.scientificamerican.com/article/beyond-memory-the-benefits of-sleep/

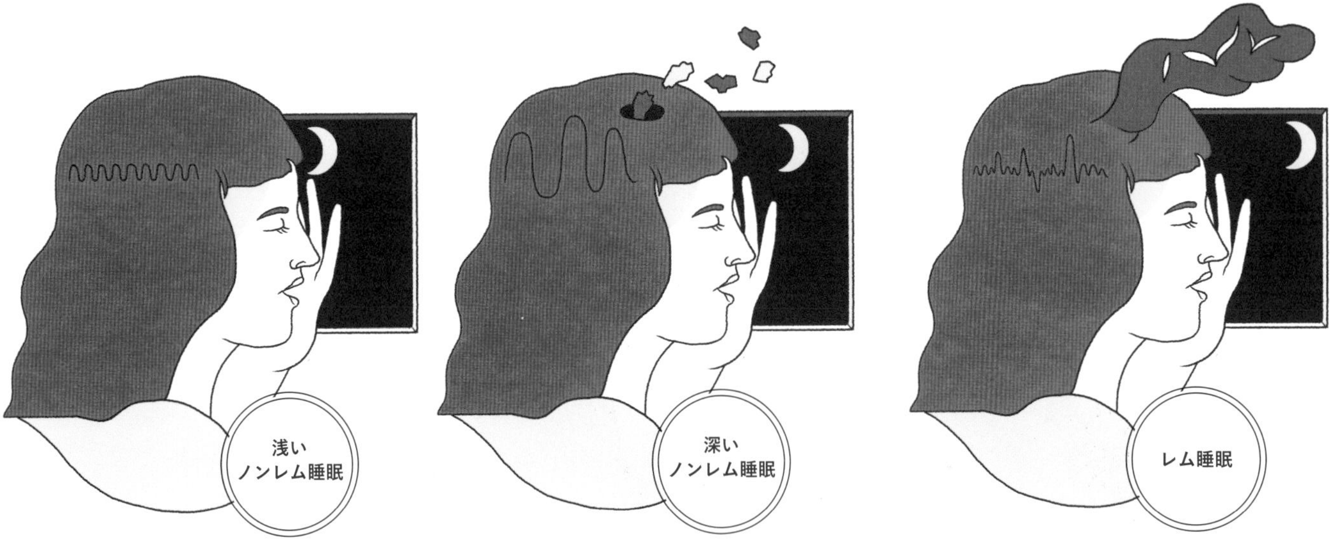

睡眠のサイクルのステージ

睡眠は身体の活動を完全に停止させるものではありませんが、生理的な弛緩状態と意識の停止を引き起こします。眠っているときの私たちの体内では平均 90 分間の睡眠サイクルが繰り返されています。この睡眠サイクルは次のようなステージに分かれています。
—浅いノンレム睡眠：眠ったばかりのときに現れます。
—深いノンレム睡眠：浅いノンレム睡眠に続いて現れます。筋肉はさらにリラックスし、脳波には「徐波」とよばれるとても振幅の大きい周波数になります。脳内の毒素が排出されるのは、この段階です。たとえばアルツハイマー病などから脳を守ることができるとともに、1 日の記憶や学習内容を脳に定着させることができます。
—レム睡眠：続いて生じる段階です。眼球の運動が加速しますが、依然として眠りは深く、身体筋肉は動きません。最もよく夢を見るのはこのときです。

夢の新しい解釈

2000 年、フィンランドの哲学者で心理学者、認知神経科学者でもあるアンティ・レヴォンスオ（1963 年～）[2] は、夢には潜在的な脅威に立ち向かうための準備という「生物学的機能」があることを発見しました。

人間が不快あるいは危険な状況に陥る夢を見ることが多いのは、現実でそのような事態が起きた場合に備えるための精神的な訓練を夢の中でしているからだとレヴォンスオはいっています。これは犬や猫など他の動物と共通していて、人間が古くから行なってきた行動です。フロイトの理論とレヴォンスオの理論は両立しうるものなのでしょうか？

2　https://philpapers.org/rec/REVTRO

PSYCHOLOGY

PART 4

ネット利用がもたらす脳と心への影響

インターネットの利用時間は過去最高を記録しています。デジタル技術の過度な利用が脳や心の健康に影響するということは、今日においてはもはや疑いようがありません。

認知機能の障害

神経学者のリオネル・ナカシュ（1969年〜）は著書で「記憶と私たちの間の関係に変化が生じた」といっています[1]。ナカシュは2011年にアメリカで行なわれた実験を引用して、「調べ物をするとき、私たちはまずはタブレットやスマートフォンなど情報が保存されていそうなものをどこに置いたかを思い出そうとする」と述べています。

私たちの注意と集中を特に妨げるのは、「マルチタスク」、「情報の洪水」そして「頻繁に作業を中断されること」という3つの事柄です。この3つによって、作業と作業を結びつけたり、知識を吸収したりする能力が低下してしまうのです。

最近では、ドイツの精神科医で神経科医マンフレート・シュピッツァー（1958年〜）によって、「スマートフォン、インターネット、SNSの過度な利用は『認知能力の低下に直結する』」[2]ということも証明されています。思考の正確性や、数学や語学の成績にも影響が出るといわれています。

豆知識

NTTドコモモバイル社会研究所の「2022年　スマホ利用者行動調査」によると、日本の若年層はスマホ利用時間を減らしたいと思っている割合が高いとのことです。

1『*Parlez-vous cerveau?*（脳の話をしましょうか？）』オディール・ジャコブ社、パリ、2018年
2『*Les Ravages des écrans*（液晶画面による被害）』レシャペ社、パリ、2019年

インターネット依存症？

パソコンやスマートフォンの画面、ゲーム、ソーシャルネットワークには中毒性があるのでしょうか？

喜びと関連づけられた行動や振る舞いを繰り返し行なうように促す脳内のシステムは「報酬系」として知られていますが、SNS 上で「いいね！」をもらったりゲームのスコアを稼ごうとしたりすることで、この報酬系に混乱が生じることがあります。デジタル中毒の特徴は、同時に社会恐怖症やうつ病などの障害を生じる傾向になるということです。そのような場合は、「併存症」とよばれています。

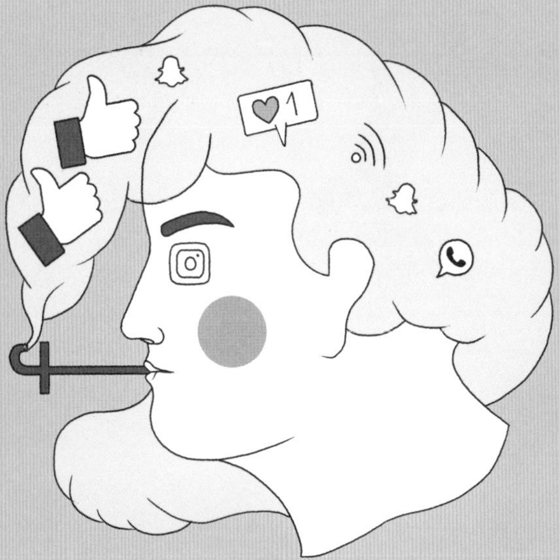

テクノストレス

液晶画面を見すぎると、ストレスが増加し、血圧、心拍数が上昇します。その理由は私たちが無力さを感じるためだと考えられます。

マンフレート・シュピッツァー[2] は「生活のあらゆる部分に入り込んでくるデジタル技術は、多くの人たちにとって、根本的にコントロール不可能な侵襲《しんしゅう》（身体が内部環境を一定に保とうする恒常性を乱す可能性がある刺激）的な干渉として感じられるものだからだ」といっています。

また、画面の明るさや、1 秒間に表示される画像の数、照明の変化、画面の振動によって、気分や体内時計のリズムが間違いなく乱されるとしています。また LED 画面のブルーライトによりメラトニンの分泌が抑制されることも知られています。メラトニンは睡眠や食欲を調整する作用をもったホルモンであり、免疫システムとも関係しています。

PSYCHOLOGY

PART 4

増える不安障害と慢性ストレス

新型コロナウイルス感染症の世界的大流行により、経済問題や健康問題が急速に悪化し、人々は自粛生活を余儀なくされました。その結果、不安障害や慢性ストレス症の患者の数は爆発的に増大しています。

人間が経験する苦悩と不安

1946 年にジャン＝ポール・サルトルは「人間とは苦悩である」と述べました[1]。生物学や認知科学を基礎とする最近の精神医学では「不安」という言葉が用いられることが増えてきましたが、苦悩と不安はどちらも基本的に同じものです。潜在的ではあるものの多少なりとも具体的な脅威に直面したときに生じる反応、または懸念です。

精神科医のアンリ・エー（P.62）は、苦悩について「危険が差し迫っていることを悲痛なまでに感じたときに経験する混乱状態」だといっています。

1「*L'existentialisme est un humanisme*（実存主義とは何か）」ナジェル出版、パリ、1946 年

現在抱える問題によって起こる不安神経症

1895 年にフロイトは「不安は病的なものとなり、私たちの存在すら脅かすことがある」として、不安神経症について初めて詳細な研究を行ないました。

彼はまず、不安によって生じる聴覚過敏、心臓・呼吸障害、震え、吐き気、夜驚症、発汗、下痢などの症状を極めて正確に描写しました。そして、これに「不安神経症」という病名をつけ、「現実神経症」に分類しました。この「現実の神経症」とは患者の現実の性的問題によって起こる神経症としています。

フロイトは当初、苦悩は長い期間にわたる性的な禁欲の結果で、抑圧の産物だと考えました。その後、1926 年に別の仮説として、苦悩は不快のシグナルであり、過去に起きた危険な状況と関連する脅威に直面したときにエゴが発する警告だとしています。

不安神経症から、不安障害へ

「不安神経症」は「不安障害」とよばれるようになり、将来についての慢性的な不安に対する不釣り合いで機能不全的な反応と定義されました。

世界で最も広く使われているアメリカの診断マニュアル DSM では、パニック障害、全般不安障害（GAD）、広場恐怖症、限局性恐怖症、社交（対人）恐怖症、分離不安障害などが不安障害群としてまとめられています。

ストレス理論について

「ストレスとは環境から圧力や刺激を受けたときに私たちの心や身体に生じるもの（歪み）のことでその原因となる圧力や刺激のことを『ストレッサー』といい、仕事、対立、騒音などがこれにあたる。ストレスが問題となるのは、それが長引いて、快復の見込みがない場合である」と精神科医のクリストフ・アンドレ（1956 年〜）は説明しています[2]。

高度な精神的集中の緊張が収まらない場合、ホルモンが変化して神経細胞が減少します。ストレス理論[3]を提唱したのはカナダの医師ハンス・セリエ（1907 年〜1982 年）です。ネガティブなストレスと苦痛には結びつきがあると考えました。

「セリエは、ストレスは個人が感じている抑圧を表現した結果であることを明らかにした。ストレスを予想することができれば、それに対処することも可能である。これができない場合には、ショックによる茫然自失状態が生じ、さらに精神にまでストレスが侵入してくるのである」と、精神分析家のローラン・ゴリ（1943 年〜）は説明しています[4]。

2『*Psychologies*（サイコロジーズ・マガジン）』特集号「Les clés de l'anti-stress（抗ストレスの鍵）」
3「*Stress sans détresse*（苦悩のないストレス）」ラ・プレス紙、モントリオール、1974 年
4『*Psychologies*（サイコロジーズ・マガジン）』428 号、2021 年 2 月

PSYCHOLOGY

PART
4

恐怖症と認知行動療法

人混み、学校、不潔さ、エレベーター、ヘビ、クモ……こうしたものに対する不合理な恐怖の原因は何でしょうか？　また、このような恐怖に対して現在、どのような治療が行なわれているのでしょうか。

正常な恐怖と病的な恐怖

1870 年以来、神経症に分類されるようになった恐怖症とは、特定の状況や物、生き物に直面したときに根拠のない恐怖を抱えることです。恐怖のために生活が困難になったときや、恐怖が生活の中心を占めるようになったとき、あるいは恐怖を回避するための行動によって心身が麻痺状態に陥ったときなどは、恐怖症という病気であるとされます。

たとえば、赤面することが恐くて人前で話ができなくなってしまった青年や、両親が学校に連れて行こうとすると動けなくなり、震え出してしまう少女などは恐怖症の患者といえるでしょう。重度の恐怖症の場合、自分が恐怖にさらされることに対する恐れからパニック発作を起こしてしまうこともあります。

豆　知　識

「恐怖症」を意味する phobia（フォビア）という言葉は、ギリシャ語で「恐怖」を意味する phobos（フォボス）に由来しています。ギリシャ人はフォボスを神格化し、戦地に赴く前にフォボスに祈願したといわれています。

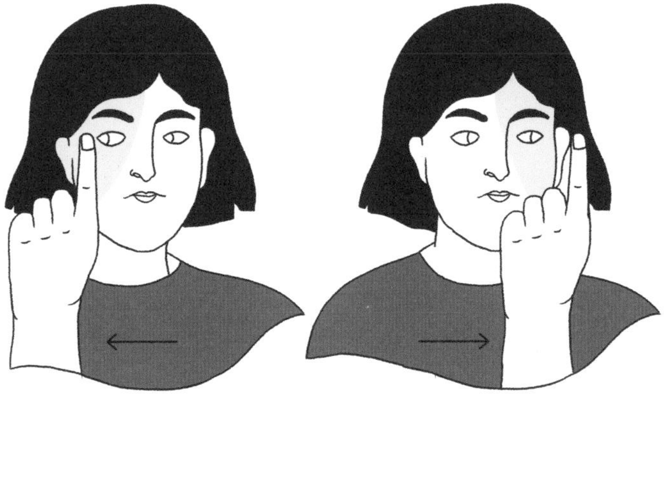

なぜ恐怖を感じるのか？

精神分析学は、この問いに対して興味深い回答をしています。それによると、恐怖症は病気ではなく症状であり、これらの症状によって恐怖症患者は苦悩を和らげようとしているというのです。

とどまることなく広がり続ける不安ほど耐えがたいものはありません。このような不安に対して、人々は不安に輪郭を与えようとします。このときに特定の動物や特定の状況に対する恐怖が形成されることになるというのです。

精神分析家のジャック・ラカン（P.64）によると、恐怖症は個人の経歴と関係するものであり、偶然の産物ではないといいます。恐怖症は「不安を取り除くためのものである。なぜなら、これによって世界を意味のあるものとして再構築をすることができるからである」とラカンは説明しています。

認知行動療法の３つの技術

恐怖症の治療法として最も一般的なのは認知行動療法です。この療法には3つの技術が用いられていますが、最近ではVR（バーチャル・リアリティ）を利用することも増えてきています。

—没入療法：セラピストの支援により恐怖症患者が恐怖の対象と向き合う治療法。

—脱感作《だつかんさ》療法：精神的に少しずつ恐怖症と向き合うことで、穏やかでリラックスした状態を実現し、それを維持する治療法。

—曝露法：恐怖症の対象や状況に少しずつ向き合う治療法。

PSYCHOLOGY

PART 4

トラウマ（心的外傷）の要因と症状

テロ、銃撃や爆発、感染症拡大などの影響により、心に傷を負った人々の数は増大しています。PTSD（心的外傷後ストレス障害）という言葉はそれほど新しいものではありませんが、近年における症例数の増加によって、臨床的な診断や治療は大きく発展しました。

トラウマの歴史

トラウマという概念が生まれたのは1860年代のこと。当時のヨーロッパでは鉄道事故が相次いでおり、その事故に巻き込まれたが身体的には無傷の生存者たちの間で、説明困難な障害が現れるようになったのです。しだいに精神的なショックがこれらの症状や恐怖反応の原因ではないかという仮説が有力になってきました。

20世紀に入ると、とりわけ紛争や戦争の後に臨床的な症例研究が発展しました。これらの症状は、かつては「外傷性神経症」とよばれることもありましたが、現在の分類では「心的外傷後ストレス障害」（PTSD）とよばれます。

PTSDを引き起こす要因

生命や身体に危害が加えられるという脅威、ショッキングな出来事の突発的な発生、被害者の感情の爆発、これらが心的外傷のきっかけとなる3大要因です。「トラウマとは、突如として容赦なく発生する、被害者の対処能力を超えた強烈な感情的負荷のことである」と精神科医で精神分析家のジャック・ダヤンは定義しています[1]。

トラウマは、暴行、レイプ、事故、戦争などといったひとつの出来事によって引き起こされる場合もありますが、虐待、いじめ、拷問、監禁など互いに関連のある複数の出来事の繰り返しによって生じることもあります。また、器質や神経または大脳の損傷によってもトラウマは生じることがあります。

1『*Psychologies*（サイコロジーズ・マガジン）』425号、2021年9月

PTSD（心的外傷後ストレス障害）の症状

ショッキングな出来事があった直後またはその数時間後に起こる反応としては、パニック的な逃避行動、重度の精神的混乱、口腔内の乾燥や脈拍数の増加、顔面蒼白、身体の震えといった生理的な症状、茫然自失や死が差し迫る感覚、無意識的行為や落ち着かない行動、自傷加害行為、そして短期的なせん妄発作などが知られています。

また、事件後、PTSD の症状が現れる前に、患者が状況に適応した行動をとっている、いわゆる潜伏期間が存在している場合もあります。

出来事から数週間、数カ月または数年経った後に、あるいは新たに起こったショッキングな出来事とともに、最初の出来事を再現するような悪夢を見るようになったりすることがあります。これは反復性トラウマとよばれることもあります。トラウマは言葉では表現できない場合も多いことから、PTSD の患者は、トラウマが原因となって生じた依存症、強迫性障害、不眠症などの症状を訴えて病院を訪れる場合もあります。このこともあって、PTSD の診断は難しいといわれています。

豆　知　識

トラウマの原因となる出来事の記憶とそれによって引き起こされた感情との結びつきを固定化させないためには、できるだけ早い段階でトラウマの治療を開始するほうがよいとされています。最近の研究では、多くの事例で、トラウマのきっかけとなった事件の記憶をコントロールすることで、PTSD を予防できると証明されています。

PSYCHOLOGY

PART

4

文明がもたらす依存症という病

依存症は薬物、アルコール、抗不安薬、睡眠薬などと関連する行動障害で、ここ数年、人々の間でこの依存症の人が増加傾向にあります。さらに感染症の拡大とそれに伴う自粛生活によって、この傾向に拍車がかかっています。

依存症＝中毒？

DSM（精神疾患の診断・統計マニュアル）によると、依存症は「機能障害または苦痛をもたらす物質の不適切な様式」だとされています。物質依存（アルコール、麻薬、薬物など）に加えて、最新版のDSM-5ではギャンブル依存症のような行動依存も取り入れられています。その他、行動に対する依存症としては、セックス、買い物、インターネット、食べ物などに対する依存症があるといわれています。

「実際のところ、依存症というものは、飲む、食べる、遊ぶ、買い物をする、運動する、働くなどといった普通の行動が本来の目的から外れたかたちで行なわれることによって引き起こされるものなのである」と心理学者のマチルド・サイエは説明しています[1]。サイエによれば、あらゆる依存症に見られる共通の特徴として、「対象に対する身を裂くような情熱」「強制的な反復」「服用量増大の不可避性」「家族関係や経済状況の悪化、あるいは禁断症状をもたらすほどののめり込み」などを挙げています。

1『*Les Addictions*（依存症）』（コレクシオン・クセジュ）、フランス大学出版局、パリ、2019年

依存している間は「他者」を必要としない

依存症は逆説的な疾患です。依存症の患者は自己破壊ではなく、むしろ自己回復を試みているのです。彼らはアルコールによって自分自身に麻酔をかけ、薬によって気持ちを落ち着かせ、ギャンブルで散財することによって金儲けへの罪悪感を軽減し、薬によって自分に刺激を与えているのです。

フロイトは『幻想の未来／文化への不満（*Das Unbehagen in der Kultur*）』[2]（1930年）の中で「薬物は、直接的な快楽だけでなく、私たちが求めてやまない外界からの独立をも部分的には与えてくれるのである」としています。何かに依存している間は、他者の存在を必要とせずにすむようになります。

新型コロナウイルスの感染拡大時に依存症的な行動が爆発的に増えた理由は、感染リスクを高めるので人との接触を避けていたことにあります。精神分析家のローラン・ゴリは「これは社会的そして心理的な退行である。（中略）依存症は、他者との関係そしてまた自分自身との関係の代用品となっているので、それによって実現されるのは解放ではなく閉鎖である」といいます。

2『幻想の未来／文化への不満』ジークムント・フロイト著、中山元訳、光文社、2007年

子どものインターネット依存症

NTTドコモモバイル社会研究所の「2021年　モバイル社会白書Web版」によると、子どもたちのインターネット利用時間は、小学1年生～3年生が夜7時まで、小学4年生～6年生が夜9時まで、中学生では夜10時までが多いといいます。それに伴い、インターネット依存症を発症する若者の数も増加しています。活力を失った若者は、他者との親密で感情豊かな関わりあいを避け、家に引きこもるようになるといわれています。

豆知識

「依存症」を意味する英語やフランス語の "addiction " という言葉は、ラテン語のaddictus（アディクトゥス）に由来します。この言葉は債務を返済できなかったために自由を奪われた奴隷を指す言葉として、ローマ帝国で使われていたものです。

PSYCHOLOGY

PART 4

精神疾患の中でも患者数の多い強迫性障害（OCD）

強迫性障害とは、頭から振り払えない観念や長時間にわたる不合理な行動によって日常生活に支障をきたすようになる疾患であり、精神疾患の中でも患者数の多い病気です。このような障害が発生するメカニズムや現れる症状、その理由はどういったものでしょうか？

玄関の鍵を閉めたか何度も確認する

1895年にフロイトが論文の中で取り上げた「強迫神経症」は、現在の疾病学では「強迫性障害」（OCD）という病名でよばれています。この病気の患者は振り払おうとしても振り払うことのできない強迫的な観念に支配されてしまいます。この強迫観念は不意に生じるものであり、そこに理由はありません。この障害には、病気や細菌、不潔さなどに恐怖を感じる恐怖症的なものから、自分が飛び降りたり、誰かを叩いたり、侮辱したり、物を盗んだりしてしまうのではないかという不安を感じる衝動的強迫観念などさまざまなものがあります。

最も多いのは、玄関の鍵を閉めたか、電気を消したか、聞かれた質問に答えたかなどを何度も確認してしまう症状で、「確認強迫」とよばれています。これは「疑惑癖」ともよばれます。

強迫性障害の患者は、「止めることのできない永続的な疑いに支配された『考える人』である。（中略）彼らは自分の障害を自覚しており、この点において、せん妄とは区別されるのである」と精神科医で精神分析家のアラン・ヴァニエ[1]は説明しています。

1『*Une introduction à la psychanalyse*（精神分析入門）』アルマン・コラン社、パリ、2018年

強迫性障害の患者が行なう「儀式」

強迫性障害の患者が行なう「儀式」は、迷信的で呪術的な性格をともなっています。強迫的な清潔観念をもつ者は洗濯や掃除といった儀式を、強迫的な秩序観念をもつ者は片付けや整理といった儀式を行ない、強迫的な欠乏の恐怖に囚われた者は貯金、節約、収集、倹約といった儀式を行なうことになるのです。

フロイトは「強迫神経症」と並行して「私的宗教」という言葉も使っています。それは、自分の苦しみを一時的には和らげることができるとしても、自らの行為が非合理的で滑稽なものだということも患者自身がよく理解しているからです。

豆知識

秩序や清潔さ、倹約に関連する強迫観念について、多くの精神分析家は、患者の精神発達が肛門期にとどまっていることが原因ではないかと分析しています(P.47「心理性的発達段階説」)。

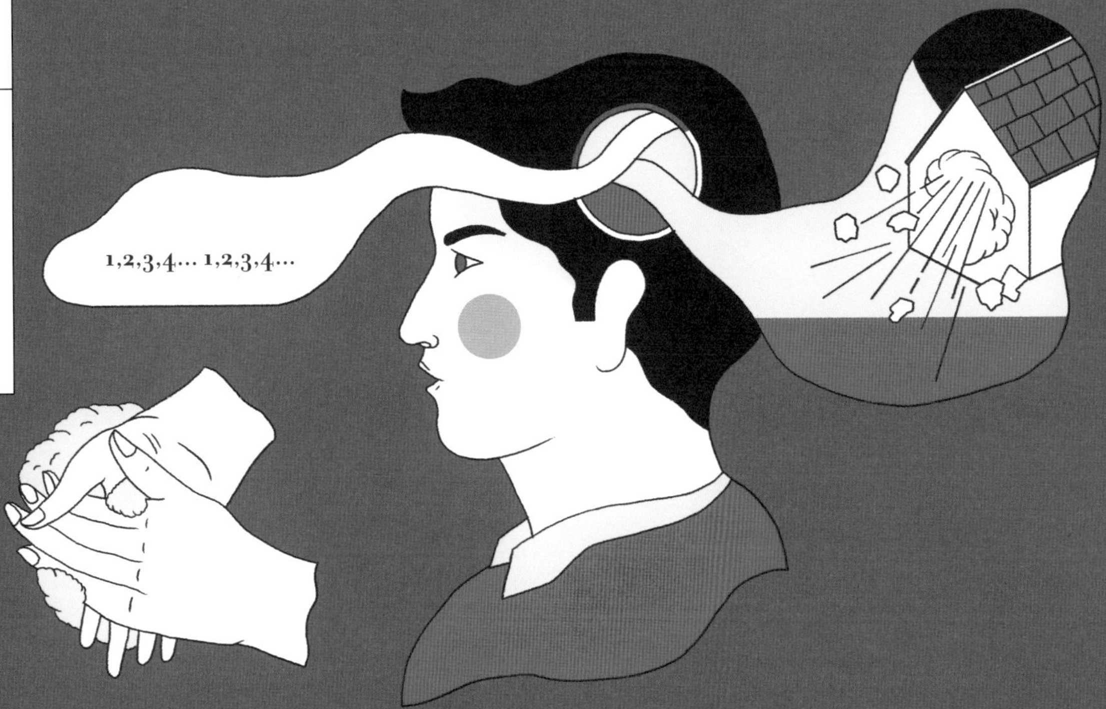

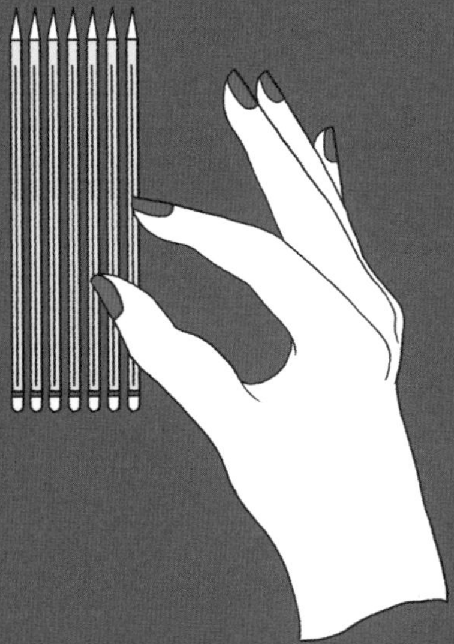

いくつかある具体的な治療法

強迫性障害が深刻な場合は、自分で決めた儀式を行なっても不安を和らげることができず、症状はさらに悪化し、うつ病を発症することもあります。

その場合、精神療法と組み合わせるかたちで薬物療法が導入されることになります。それだけではなく、局所的な電気刺激による治療法（P.100）の効果についても研究が進められています。一方で、症状が軽い場合には精神分析療法（P.49）や認知行動療法（P.81）が一般的に推奨されています。

PSYCHOLOGY

PART **4**

食生活に異常が生じる摂食障害

拒食症、過食症、多食症などとして知られる摂食障害ですが、2016 年度、2017 年度の日本の国立精神・神経医療研究センター 精神保健研究所 精神医療政策研究部の資料によると、摂食障害の外来患者数は、21 万人。ただし、治療を受けていない、または途中で治療をやめてしまう患者も多くいるので、実態の把握には限界があります。

病的な食欲「過食症」「多食症」

過食症は女性患者が多い依存性ですが、その特徴は「食べることに対する強烈で抑えがたい願望の存在と、（中略）他方で、体重増加を回避するために患者が行なう自発的な嘔吐や下剤の乱用」であると精神科医のフィリップ・ジャメは述べています[1]。過食症の問題は摂食と排出というサイクルが経口的にのみ行なわれるという点です。

心理学者のマチルド・サイエは、「嘔吐によってもたらされる浄化と解放の感覚は一時的なものであり、しかもやがては必然的に弱まってしまうものであるため、患者は何度も過食と嘔吐を繰り返すようになる」と主張しています[2]。過食症の患者の多くが排出行為に依存してしまうのは、それによって自分をコントロールできるように感じられるからです。

これに対して、多食症の患者を苦しめる旺盛な食欲は、多くの場合、その内なる緊張状態や隠れた抑うつ状態への抵抗手段として現れるものだと考えられています。

1『*Anorexie, boulimie, les paradoxes de l'adolescence*（拒食症、過食症、思春期の逆説）』アシェット・リーヴル社、パリ、2004 年
2『*Les Addictions*（依存症）』（コレクシオン・クセジュ）、フランス大学出版局、パリ、2019 年

飢餓感に対する飢餓「拒食症」

拒食症の特徴としては、やせることに対する神経症的な願望、体重増加に対する病的な恐怖、身体についての認知の歪み、過度なカロリー制限が挙げられます。マチルド・サイエは「飢餓感への依存状態[2]」という言葉を使っています。この病気にはふたつのタイプがあるとされています。

ひとつは「摂食制限型」とよばれるもので、その患者は細心の注意を払って食材を選び、自分自身で調理を行なうようになります。もうひとつは食事制限を伴わないかわりに排出行為として嘔吐や下剤の乱用が見られるもので「過食・排出型」とよばれます。

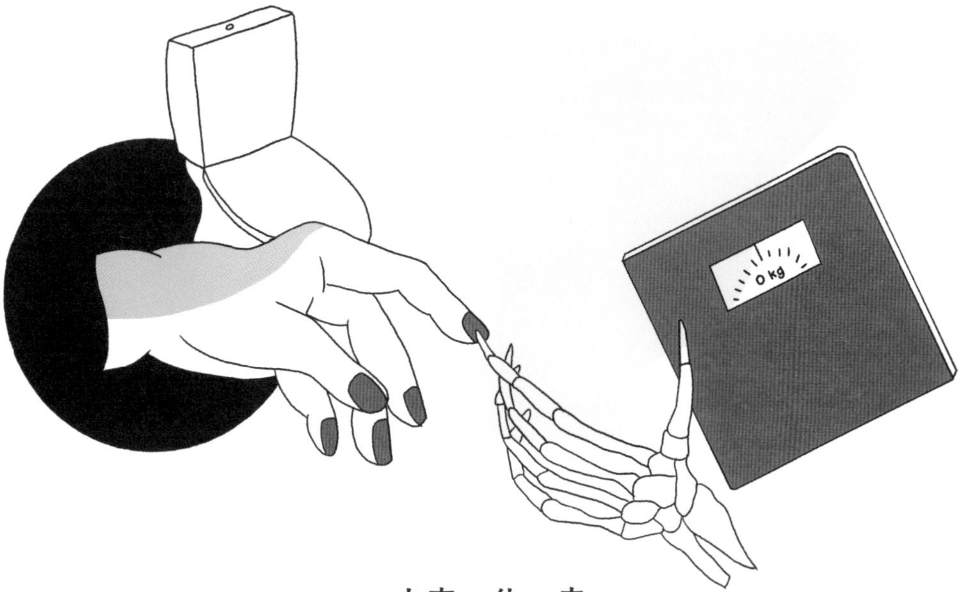

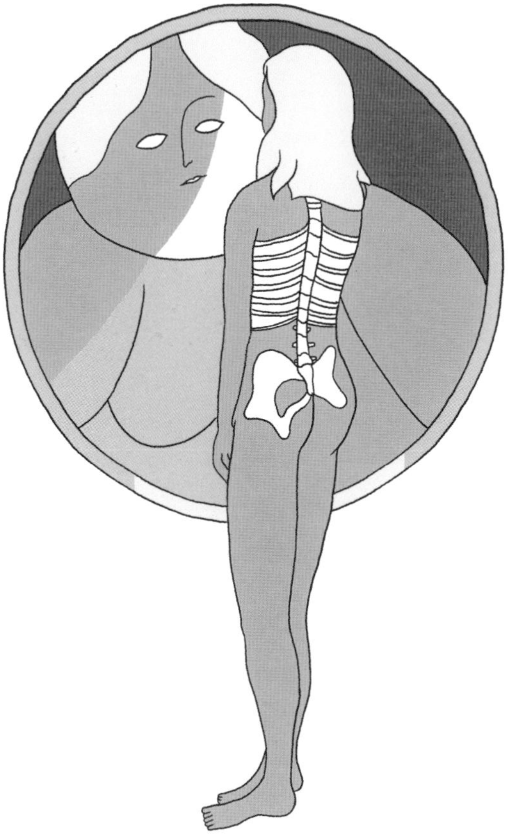

表裏一体の病

食生活や自己統制との関連性、女性患者が多い疾患であること、思春期に発症すること……拒食症と過食症の共通点は多岐にわたります。

拒食症と過食症の共通点についてフィリップ・ジャメは、「拒食症の患者は過食症になることを恐れて生活しているのに対し、過食症の患者は拒食症になりたいと思っているという点で、両者ともに相手方との間にある種のつながりを感じている」と説明し、「両者とも、食欲に支配される恐怖、身体や外見を美しく保ちたいという欲望に支配されている」とも述べています[1]。

悪循環からの脱出

摂食障害が健康に与える影響は大きく、生理的障害だけでなく、口腔や歯、さらには消化系に障害が出ることもあります。栄養失調や、自殺のリスクも高まるといわれています。そのため、摂食障害に対しては精神科、内分泌科、栄養科など複数の専門分野にまたがる治療が重要となります。

認知行動療法や対面式の精神分析的精神療法、家族療法は、患者が自分自身や他者、さらには自らの人生とのつながりを取り戻すための助けとなります。

PSYCHOLOGY

PART 4

新たなタイプのナルシスト

職場で、家庭で、恋愛で……さまざまな場面で逸脱した行動をする人が増えつつあります。今や精神科医や精神分析家の診察室は、異常人格者だけではなく、逸脱した行動をする人の犠牲になった人々であふれています。

とにかく自分のことばかり

精神科医のクリストフ・アンドレは「自分は他人より運転が上手いから誰よりもスピードを出してよい、自分は他人より賢いから会議では誰よりも長く話してよい……といったように、自己愛が強すぎる人間にとって、他人との比較は重要な役割を果たしている」[1]と語っています。

アンドレは、「彼らは、自分の利益やイメージを守るためにはあらゆるものの破壊をいとわず、失敗や対立が起こるやいなや激昂し、暴言を吐いたり、暴力を振るったりする」とも述べています[1]。彼らの行動は、自身の内面的な脆弱性や葛藤と向き合うことを避け、自分自身に対する疑問を打ち消すための「防御機制」として説明できます。これは、ある種の反動形成あるいは投射といえるものです。自己愛的な人格をもつ人は、自分では受け入れがたい劣った自己イメージを他人の中に見出そうとし続けているといわれます。

1『*Psychologies*（サイコロジーズ・マガジン）』419 号、2021 年 3 月

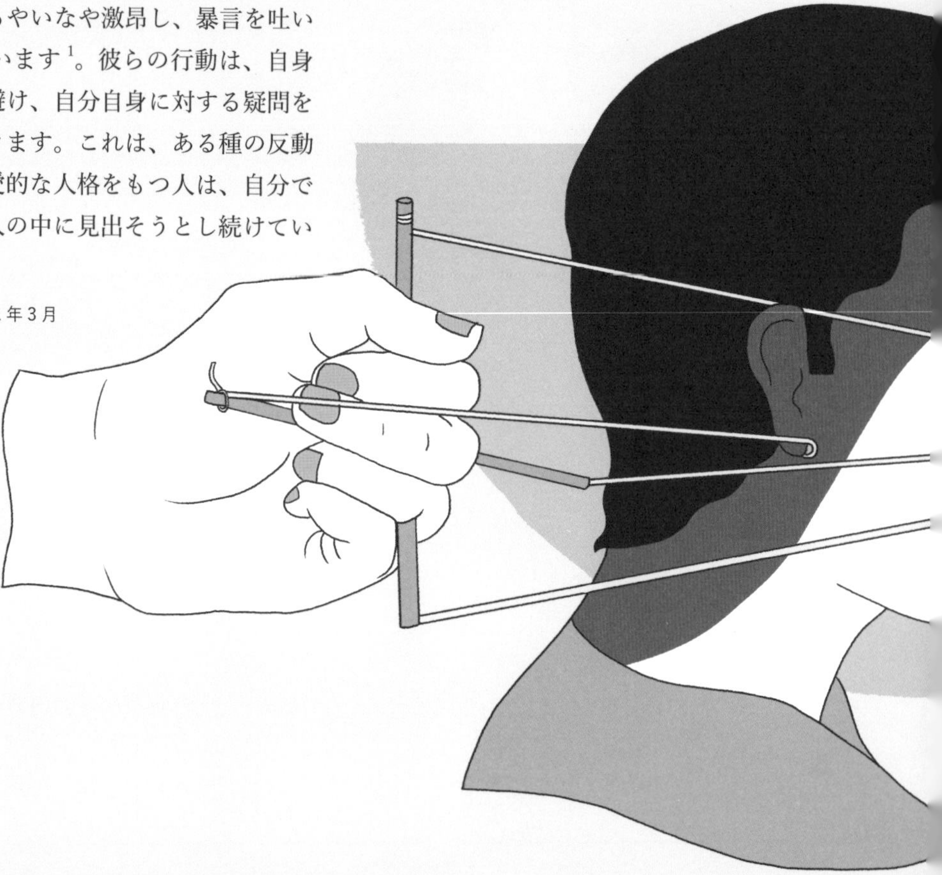

豆知識

精神病を専門とするポール＝クロード・ラカミエは、自分が治療をしている精神疾患患者の家族のうちに1人または複数のゆがんだ行動をする人が見られることを確認しました。ラカミエは、後に「倒錯的自己愛」とよばれる家族の行動が患者本人の精神疾患の原因となった可能性があるという結論を導き出しました。

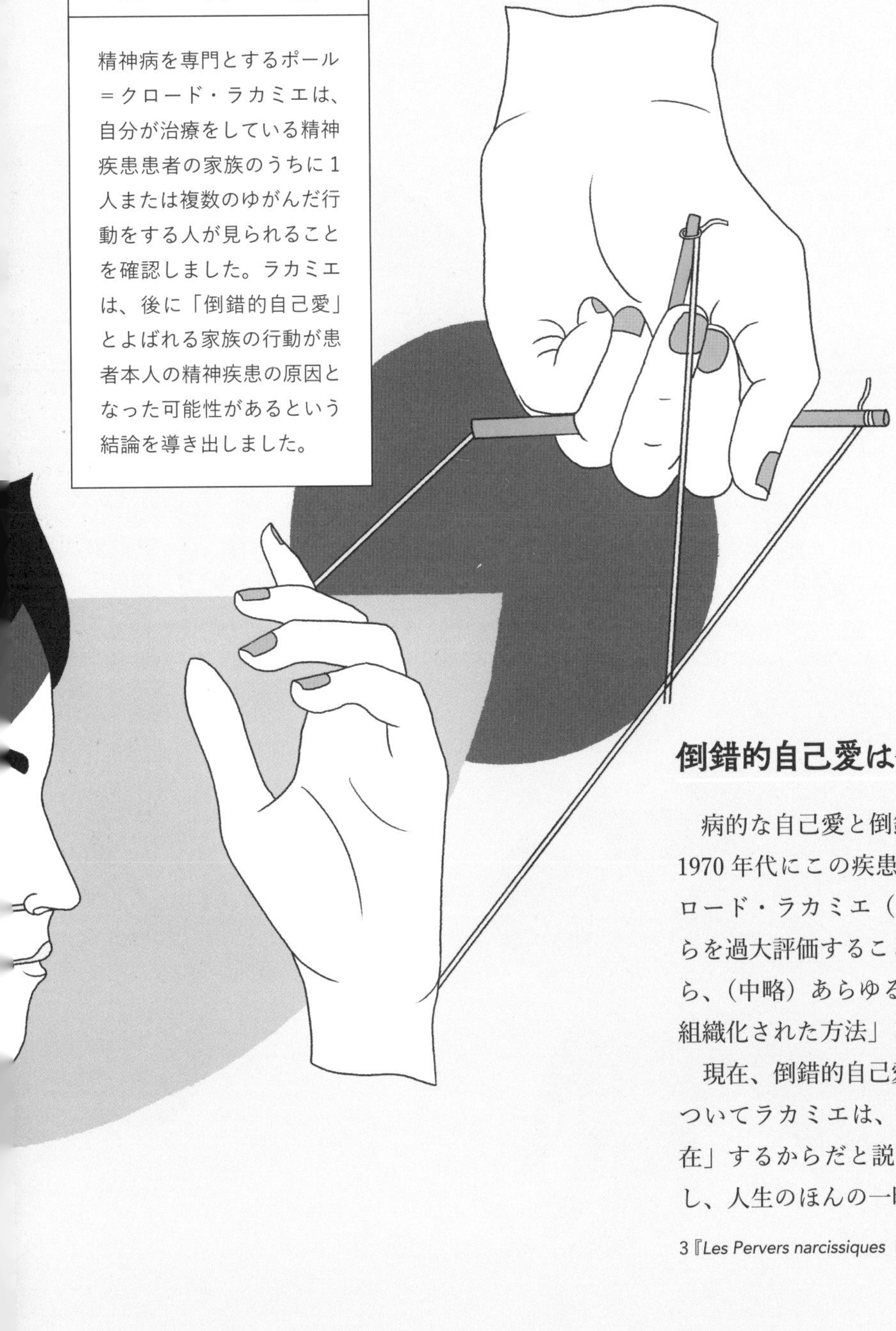

倒錯にはきりがない

神経症の患者が抑圧し、自らに禁じたことのすべてを、倒錯者は自らに許しています。

倒錯は当初、獣愛、性的サディズム、性的マゾヒズムなどといった行動を指すものとして性的な分野で扱われていました。これらは今日の精神医学では「性的倒錯」とよばれます。

倒錯の患者にとってその行為の相手は「無生物」と同じである、とアラン・ヴァニエは説明しています[2]。フェティシズムのように、行為の対象が靴や下着などといった無生物である場合も、実際に存在します。他者を自分の道具として捉え、明確で変化することのないシナリオを作り出す、これが倒錯患者の行動の特徴です。

2『*Une introduction à la psychanalyse*（精神分析入門）』アルマン・コラン社、パリ、2018年

倒錯的自己愛は今世紀の新しい病か？

病的な自己愛と倒錯とが組み合わさったものが倒錯的自己愛です。1970年代にこの疾患を発見した精神科医で精神分析医のポール＝クロード・ラカミエ（1924年～1996年）は、「他者の犠牲のもとに自らを過大評価することによって、苦労することなくむしろ楽しみながら、（中略）あらゆる苦痛や内的葛藤を排除し、自らを守ろうとする組織化された方法」と定義しています[3]。

現在、倒錯的自己愛の患者の数は増加傾向にあります。その理由についてラカミエは、この精神疾患の症状には「さまざまな形態が存在」するからだと説明し、「精神的な混乱や危機が生じたときに発症し、人生のほんの一時期だけ現れる場合もある」[3]としています。

3『*Les Pervers narcissiques*（倒錯的自己愛）』パイヨ社、パリ、2012年

PSYCHOLOGY

PART

4

感染症拡大とともに増えたうつ病

新型コロナウイルスの大流行とその社会経済的影響により、うつ病患者数は大幅に増加しました。2021 年の OECD（経済協力開発機構）が実施した「メンタルヘルスに関する国際調査」によると、日本人の 17.3% がうつ病やうつ状態に苦しんでいるといわれています。

現代の大病といえるうつ病

世界保健機関（WHO）によって「一般的な精神疾患」と定義されるうつ病は、「これ以上ないほど人間的な病気である」と心理学者で精神分析医のピエール・フェディダは述べています。1917 年、フロイトは「喪とメランコリー（*Trauer und Melancholie*）」という論文の中で、うつ病の原因について説明しています。うつ病は、関係する人や物、国、あるいは理想を失ってしまったという現実または偽りの感覚から生じるとされています。

うつ病の症状

現在、身体的・精神的な９つの症状がうつ病の診断の基準として用いられています。世界で最も広く使われている精神医学マニュアルのDSM-5によると、これらの症状のうち合計で５つ以上が２週間以上続いていることが診断の条件となっています。
―身体的な症状としては、起床時の疲労感および気力の減退、食事および睡眠に関する障害、涙が出るほどの悲しみなどが挙げられています。
―精神的な症状としては、これまで楽しめていた日常生活についての興味関心の低下および喜びの喪失、自分に対する無価値感または罪責感、注意力・集中力・記憶力の障害、自殺や死についての反復的な思考、人生に対する無価値感などが挙げられています。

謎多きうつ病の治療法

うつ病の診断基準はますます非常に細かいものとなり、基準自体の数も増えてきています。

うつ病の原因は、遺伝的なものなのか、神経学的なものなのか、神経生物学的なものなのか、大脳生理学的なものなのか、社会的なものなのか、文化的なものなのか、それともそれぞれの人の固有の発達史と関連したものなのでしょうか。

最も推奨される治療法は、対話のような患者との関係を基礎としたものとなります。それでも効果がない場合は薬が処方されることとなり、さらに治療効果を上げるために精神療法が併用されることもあります。

「うつ病」と「抑うつ」の区別

うつ病と抑うつとはどのように区別されるのでしょうか？　抑うつは長続きすることのない一時的な状態であるという点でうつ病と区別されます。うつ病は、憂うつな気分が長く続いて、日常生活を送るうえで問題が生じている、性格が変わってしまった、悲しみがずっと続くような場合です。この場合、現状や今後の見通しを明確にするためには、症状について医師やセラピストと相談が必要です。

PSYCHOLOGY

PART 4

世界的にも死因の多くを占める自殺

「本当に重大な哲学的問題はたったひとつ、それは自殺である」とフランスの小説家、哲学者のアルベール・カミュ（1913 年～ 1960 年）は述べています。自殺という問題はどの時代でも常に存在してきました。世界的に見ても自殺は人の死因として数の多いもののひとつです。

願望から実際の行動まで

古代ギリシャやローマ、そして中世の日本では、自殺は称賛や賛美の対象とされたこともありました。しかし、その後に広まったキリスト教的な道徳観においては、自殺は罪深い行為とされ、19 世紀後半以降になると、社会的または精神的な疾患の結果であると考えられるようになりました。

たとえば、精神科医のジャン・エティエンヌ・ドミニク・エスキロール（1772 年～ 1840 年）が自殺者は精神疾患の結果であると主張したのは 1838 年のことです。これに続いて、自殺には気質的、遺伝的な原因があると考える精神科医たちも現れました。

しかし、このような学説は、社会学者エミール・デュルケーム（1858 年～ 1917 年）によって 1897 年に一掃されます[1]。デュルケームは、自殺について社会的側面から入念に調査することで、自殺が社会との統合（人と人の結びつき）の問題や社会規範の問題と関係していることを明らかにしたのです。やがて、自殺の原因となる社会的、心理的、個人的な問題に対応するための中範囲理論的な方法が確立されるようになりました。精神医学の世界では、多くの場合、「自殺の危機」は自殺願望から始まり、自殺未遂を経て、最終的な自殺に至ると考えられています。

1『*Le Suicide*（自殺論）』フェリックス・アルカン社、パリ、1897 年

言葉にできない苦しみ

自殺という行為の目的は、精神的な緊張や苦痛からの解放にあります。フロイトは、自殺は憂うつと関連することもあるが、ある種の深刻な自己愛の問題とも関連するとしています。つまり、重度の自己愛を患う者は、初めは他人に対して向けられていた死の願望を自分自身に向けてしまうことがあるというのです。

心理学者で精神分析家のナタリー・ド・ケルニエは「自殺という行為は、欲動の溢れんばかりの興奮やトラウマによって生じた精神の亀裂によって思考が停止してしまったかのように、突如として起こる」といいます[2]。

たとえば、精神疾患、健康問題、孤独、恋愛関係の破綻、近親者との死別など、自殺の危険因子としていくつかの要因を挙げることができます。失業や経済的不安、さらには非人間的な労働環境（ストレス、ハラスメント、おどし、侮辱など）も自殺の要因となっています。

2『*Le Suicide*（自殺）』（コレクシオン・クセジュ）、フランス大学出版局、パリ、2020年

思春期の自立したいという願望

思春期になると若者たちの多くが死について考える理由は「彼らが抱く自立したいという願望が恐怖を伴うものであり、これらが混じり合うことで生まれる耐えがたい苦しみを、死によって振り払おうとするからだ」とナタリー・ド・ケルニエは説明しています[2]。

「10代の若者は死にたいのではなく、別の人生を生きたいと考えているのであり、たとえばいじめやハラスメントを受け、極度の無力感に襲われたときに、もう1度自分をコントロールしようとする試みとして自殺は位置づけられる」とケルニエはいいます。

ハラスメントやサイバーストーキングを理由に、自殺を考えたり実際に試みたりする青少年や児童の数が増加していることが、オランダの研究グループによって明らかにされています[3]。

3 https://jamanetwork.com/journals/jamapediatrics/fullarticle/1840250

PSYCHOLOGY
COLUMN

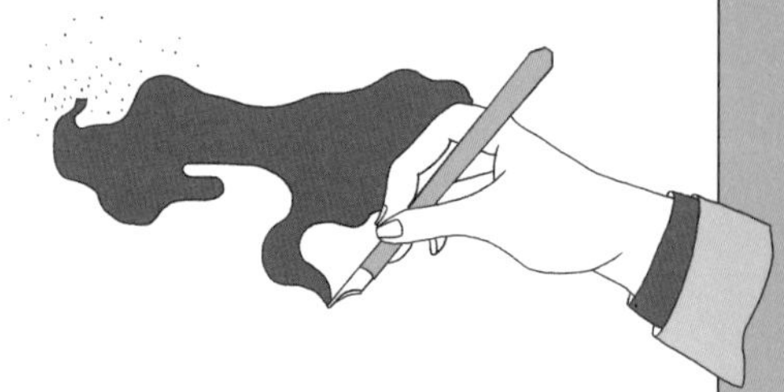

睡眠の重要性

人は起きているときに、多くのエネルギーを消費しています。特に頭は常に働いているので、安静にしているだけでは、その疲れは回復しません。回復させるには、一定時間の休息である睡眠をとらなければなりません。睡眠によって心身の疲れをとることで、起きたときにまた活動ができます。

とくに脳は、働いたことで出た物質を脊髄液に排出します。これが蓄積すると睡眠中枢に指令がいき、GABA（ガンマーアミノ酪酸）という気持ちを落ち着かせる脳内ホルモンの一種が分泌されます。これによって脳を休ませるために眠くなることになります。GABA は自然界に存在する物質で、人の脳やせき髄などの中枢神経に多く存在し、精神を安定させたり、リラックスさせたりします。

ストレスを感じている、イライラしている、集中力が続かない、なんとなく疲れているなどを、日常で感じることはないでしょうか。これは睡眠不足の初期症状である可能性もあります。

睡眠時間や睡眠の質が、身体が必要としているものより足りないのかもしれません。仕事や家庭の事情で忙しく十分な睡眠時間を確保できない、よく眠れず夜中に起きてしまうなど自覚している睡眠不足もありますが、意外にも眠気を感じていない隠れ睡眠不足ということもあります。

睡眠不足によって健康被害が引き起こされます。睡眠時間が短いとホルモンバランスを崩し、食欲を増長させるホルモンの分泌が多くなり太りやすくなります。また、体内時計が狂い、脳が常に緊張状態にあり、脳の疲労がとれず心の病になる可能性があります。

この体内時計（サーカディアン・リズム）については、覚醒と睡眠のみならず、血圧、心拍、体温にも１日周期があることが明らかになってきています。うまく寝つけないといった睡眠障害の原因は、このリズムに反した生活や、夜でも明るい都会などの環境によってリズムが乱れてしまっていることに原因の一端があるともいわれています。

PSYCHOLOGY

PART 5

これからの心理療法

脳の観察ができるようになり、明らかになることも増え、
心理的なメカニズムをさらに深く理解できるようになりました。また、オンライン治療の広まりや、
エキスパート患者とよばれる自身の症状を理解した
専門家のような患者についても紹介します。

精神疾患の拡大

精神疾患の治療をする際にはどのような分類法を用いるべきなのでしょうか？　現在広く用いられているのは、DSM（精神疾患の診断・統計マニュアル）というアメリカで生まれた診断マニュアルです。

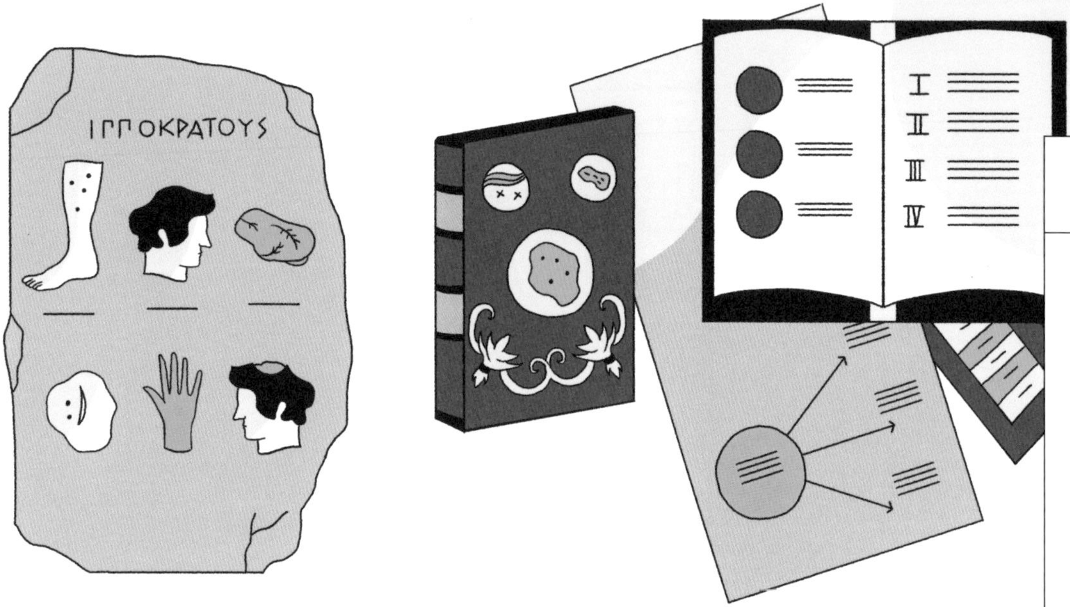

精神疾患の分類史

古代から現在にいたるまで、精神疾患についてさまざまな分類法が提案されてきました。

主なものとして、ヒポクラテス（紀元前460年頃～紀元前370年頃）の分類法、イブン・スィーナー（980年～1037年）の分類法、ルネサンス期の法医学の祖パオロ・ザッキア（1584年～1659年）の分類法、フィリップ・ピネル（1745年～1826年）の分類法、統合失調症を紹介したオイゲン・ブロイラー（1857年～1939年）の分類法、ジークムント・フロイト（1856年～1939年）の分類法（精神疾患、集中治療を必要とする深刻な疾患として統合失調症や自閉症など、患者を現実から切り離すことのない疾患として倒錯や神経症など、という三分法）が知られています。

20世紀の初めにも複数の分類法がありました。その中にはドイツの精神科医エミール・クレペリン（1856年～1926年）による極めて合理的で医学的な15分類、フランス学派の12分類、アメリカ精神医学会の18分類などがあります。

豆　知　識

DSMの最新版DSM-5はアメリカでは厳しい批判の的になりました。特に旧版の編集委員長である精神科医のアレン・フランセス（1942年～）による批判は痛烈でした。DSM-5を批判する彼の著書[1]の中では、精神疾患と診断する際の最小値を下げて、最新版に掲載する疾患の数を増やそうとする傾向の危険性が指摘されています。フランセスは、これらは正常な感情を病気として扱うことにつながると主張しています。

1 アレン・フランセス『〈正常〉を救え―精神医学を混乱させるDSM-5への警告（*Saving Normal: An Insider's Revolt Against Out-of-Control Psychiatric Diagnosis, DSM-5, Big Pharma, and the Medicalization of Ordinary Life*）』ウィリアム・モロー社、2013年（大野裕監修、青木創訳、講談社、2013年）

精神医学界の共通言語としてのDSM

精神疾患の概念やその診断方法は長い間、医者によって、学派によって、国によって、理論によって異なっていました。そこで、その概念や診断法を統合して、精神医学の世界に共通言語を導入したのが、1952年にアメリカ精神医学会が発行した『精神疾患の診断・統計マニュアル（DSM)』です。

DSMは現在、世界で最も広く用いられているマニュアルです。その内容は国際疾病分類（ICD）にも影響を与え、病院における医療行為の評価や精神科医の診察や研修でも用いられています。DSMに掲載される精神疾患の数は増え続けており[2]、当初は約60種だったのが現在では400種以上となっています。

また、DSMに記載される精神疾患の基準も幅広いものとなっており、神経発達症である自閉症のような既存の疾患についても、診断基準の多様化が図られています。

現在では「自閉スペクトラム症」（ASD）の原因は未だに不明ですが、その病態は軽度から重度のものまで多岐にわたります。このこともあって、近年ではASDと診断される例が急激に増加しています。

2『DSM-5 精神疾患の診断・統計マニュアル（*Diagnostic and Statistical Manual of Mental Disorders DSM-5*)』エルゼビア・マッソン社、2015年（日本精神神経学会監修、高橋三郎、大野裕監訳、医学書院、2014年）

病を診るのか、人を診るのか

DSMを用いて診断をする場合には、もはや臨床判断は重要ではありません。世界中のデータを集計して作成された面接項目を機械的にチェックして得られたスコアをもとに診断が行なわれるからです。その基準となるリストにチェックを入れるだけで、医師は診断をすることができます。ただし患者の個人的な来歴、患者と精神科医との関係性、治療に関する患者と精神科医の創造性はどうなるのかなどの疑問も生まれています。

このような疑問をもった治療者たちの関心を集めているのが『精神力動的診断マニュアル（PDM)』[3]などの補完的な資料です。その執筆者であるアメリカの心理学者や精神分析家は「患者が抱える病よりも患者その人自身に着目することの重要性を強調したい」と考えているようです。

3『PDM-2』ギルフォード出版、2017年

PSYCHOLOGY

PART

5

電気は治療に有効なのか？

電気で治療するという発想は紀元前から生まれていました。「電気ショック療法」とも「電気けいれん療法（ECT）」ともよばれるこの療法の過去と未来について考えてみましょう。

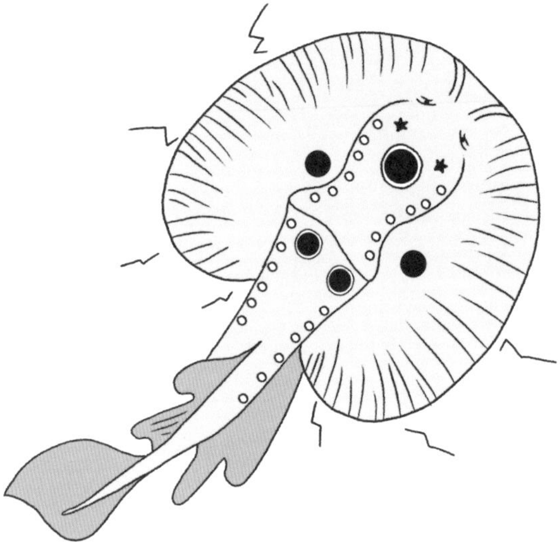

電気で治療するという発想

紀元前47年、ローマ帝国の皇帝クラウディウスの主治医スクリボニウスは、治療のために頭蓋に電気を流すことを初めて推奨しました。

精神医学の治療法として実際に電気が用いられるようになったのは、電気の理解が進んだ18世紀になってからのことです。頭部やその他の身体の部分に短時間に多少なりとも強い電気を交流、直流、停止というかたちで流すことにより「狂気の原因と考えられる脳の暗雲を取り除くことができる」とシャラントン精神病院（現在の名称はエスキロール病院）の主任医師ジョゼフ・ガスタルディ（1741年～1805年）が述べていると、法医学の父フランソワ・エマニュエル・フォデレ（1764年～1835年）は1816年に語っています[1]。フロイトも、1889年と1892年にヒステリー患者の麻痺した脚に電気治療を試みています。

1 フランソワ・エマニュエル・フォデレ『*Traité du délire appliqué à la médecine, à la morale et à la législation*（医学・道徳・立法に適用されたせん妄概論）』フォデレ全集第2巻、1816年

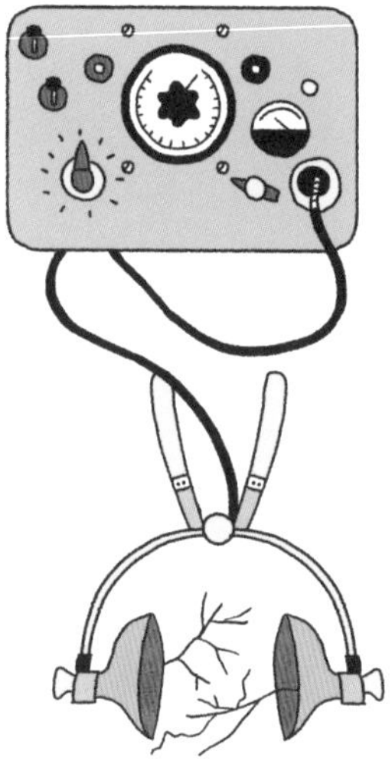

電気けいれん療法（ECT）の謎

1938年3月、イタリアの精神科医で神経科医のウーゴ・ツェルレッティ（1877年～1963年）は、同僚のルシオ・ビニ（1908年～1964年）とともに、患者に対して初めて電気ショック療法を実施しました。電気けいれん療法（ECT）はこのとき誕生したのです。ECTとは、頭蓋骨に弱い電流を流して脳神経細胞を興奮させることで、人工的にてんかん発作やけいれんを誘発するものです。

電気けいれん療法はフランスでは1940年代から用いられるようになりました。これを積極的に利用したジャン・ドレ（P.60）は、統合失調症の場合には治療結果は「さまざま」だが、躁病と重度のうつ病の場合には「著しい」治療効果があったと報告しています。この成果はどのように説明すればよいのか、正確なことは科学者にもまだわかっていません。

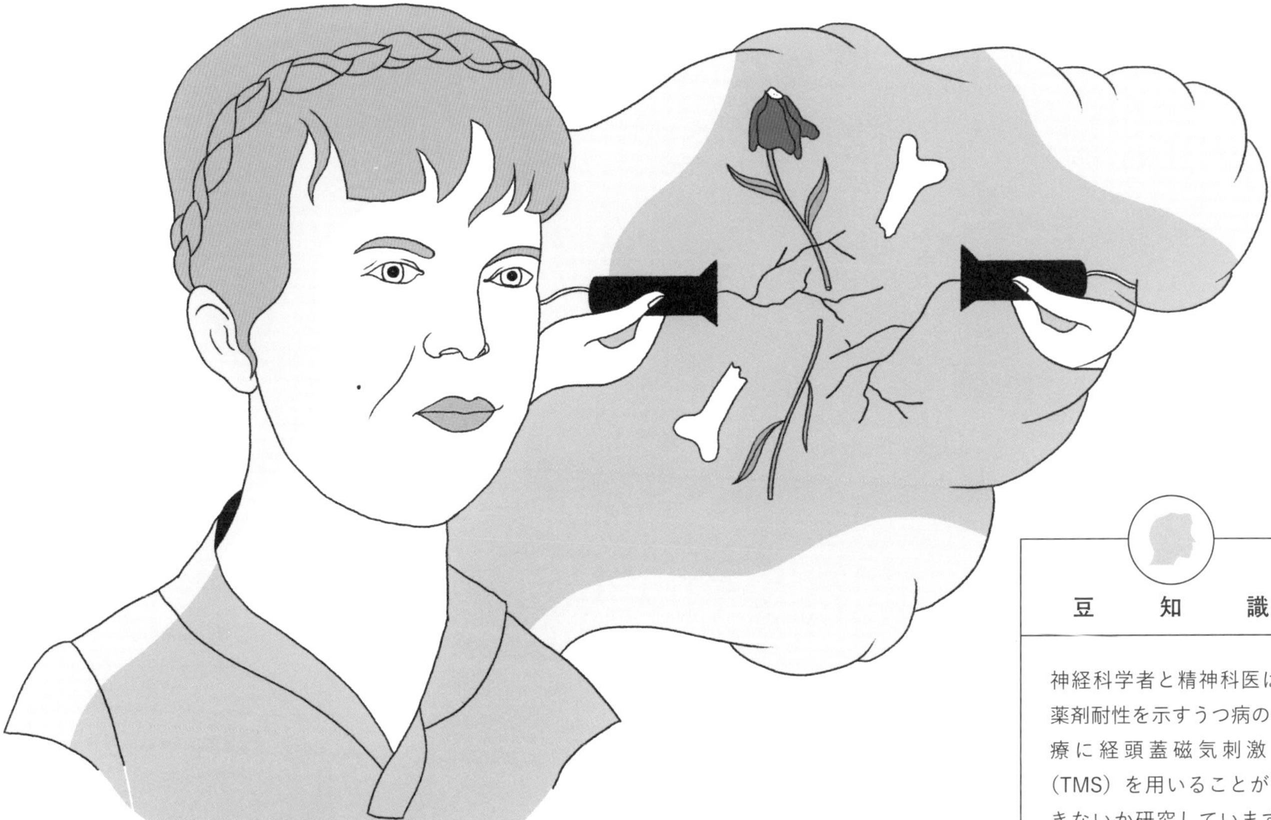

豆　知　識

神経科学者と精神科医は、薬剤耐性を示すうつ病の治療に経頭蓋磁気刺激法（TMS）を用いることができないか研究しています。TMSとは頭部に当てたコイル（電磁石）に電流を流して磁場を発生させ、その磁気を用いて脳の特定の領域を刺激したり抑制したりする治療法であり、ECTよりも弱い刺激で効果を得ることができるとされています。

電気ショック療法の虚像と実像

1940年代以降、映画や小説などでは電気ショック療法の暴力性、恐怖、苦悩が描かれるようになりました。

電気ショック療法について最もうまく描写しているのは、詩人たちかもしれません。さまざまな詩人が自分の治療体験について語っています。「閃光が走るたびに、私は激しい痛みに襲われ、骨が折れるのを感じ、まるで切断された植物から樹液が流れ出るかのように気力が失われたように思われた」とシルヴィア・プラス（1932年～1963年）は自身が受けた治療について回想しています[2]。フランスの小説家エマニュエル・カレール（1957年～）の最新作[3]の中にも、自身が受けた電気ショック療法があまり心地よいものではなかったという記述があります。もっとも彼は、自分をうつ状態から救い出してくれた「救命ヘリ」のようなものとして電気ショック療法を捉えているようです[4]。

数年にわたって中止されていた電気ショック療法ですが、現在ではより人道的な条件のもと再検討もされています。

2『ベル・ジャー（*The Bell Jar*）』ドノエル社、パリ、1972年（青柳祐美子訳、河出書房新社、2004年）
3『Yoga（ヨガ）』POL社、パリ、2020年
4『*Psychologies*』のインタビュー、413号、2020年9月

PSYCHOLOGY

PART 5

日本人にも増えているうつ病

うつ病は、誰でもかかる可能性があります。几帳面で責任感が強く、まじめな人がなりやすいタイプといわれていますが、これは日本人に多いとされる性格でもあります。

今やめずらしくないうつ病

うつ病の背景には、身近な人との離別や、就職・転職・失業、引っ越しや出産など生活の変化が引き金となったり、精神的・身体的なストレスがあることなどが指摘されることもあります。加えて現代では感染症の拡大によって人との距離感が変化し、心が不安定になりやすい環境でもあります。

とくにコロナウイルス感染症拡大の影響は大きく、OECD（経済協力開発機構）の調べによるとコロナウイルス感染拡大以前と比べて、日本国内でのうつ病、うつ状態の人の割合は7.9％（2013年）から17.3％（2020年）となり、２倍以上に増加していることがわかりました。

うつ病は「気分障害」のひとつです。これは気分の変動を長期間コントロールできなくなるもので、落ち込んだ気分が２週間以上ずっと続いているという場合はうつ病が疑われます。

気分転換や好きなことをしてリフレッシュしたり、ぐっすりと寝たりすることで元気を取り戻し、また仕事や生活に戻れるときは、大丈夫なのです。回復しない、戻れないときには、クリニックやカウンセリングなどの何らかの対処が必要になります。

うつ病の分類について

気分障害は大きく、うつ病性障害と双極性障害のふたつに分けることができます。またそれぞれに種類があります。

うつ病性障害

— 大うつ病性障害：うつ病状態が強い
— 小うつ病性障害：うつ病状態が軽い
— 気分変調性障害：慢性的に軽いうつ病状態が続く

双極性障害

— 双極Ⅰ型障害：うつ状態と躁状態が両方とも強い
— 双極Ⅱ型障害：躁状態が軽くうつ状態が強く長い
— 気分循環性障害：慢性的に
軽いうつ状態と軽い躁状態が続く

豆　知　識

典型的なうつ病の症状としては、落ち込み、不安、焦燥感、集中力の低下、興味や関心がない、自殺願望があるなどの精神的症状があります。
また、睡眠不足・過眠、食欲減退・過食、頭痛、耳鳴り、生理不順、疲労感、倦怠感などの身体に現れる症状があります。
自分自身で感じるほかに、他人だから気がつく症状もあります。表情が暗い、反応が遅い、自分を責めてばかりいる、落ち着かないなど、今までとは違うと感じたらうつ病を発症している可能性もあります。

双極性障害について

双極性障害は「躁うつ病」とよばれていた経緯もあり、うつ病の一種と捉えられがちですが、うつ病とは異なる病気で、治療法も異なります。

双極性障害は、活動的で高揚する躁状態とうつ状態をくりかえし、その期間は人によって数カ月ごとだったり数年ごとだったりとさまざまです。楽しくご機嫌になったり、落ち込んだりといった「気分の波」は誰もが経験していることですが、双極性障害はその差や期間が極端です。

PSYCHOLOGY

PART

5

病気ではないけれど生きづらい？ HSP

「繊細さん」ともよばれるHSPは、Highly Sensitive Person、とても敏感な人という意味の頭文字をとっています。これは病名ではなく、アメリカの心理学者、エレイン・N・アーロン（1944年～）が提唱した心理学用語です。

HSPとは？

HSPはアーロンが提唱した心理学用語です。その人が生まれもった気質を指します。極端な人見知り、機嫌の悪い人が近くにいることが苦手、音や光、匂いなどの刺激が気になる、何気ない他人の言葉が気になる、あふれる情報に処理が追いつかないなど、感受性が高く、ストレスを感じ、生きづらさを感じる人がHSPとされる傾向があります。

HSPには4つの特徴があります。

— 深く考える：熱心に研究し、納得のいくまで考える。

— 過剰に刺激を受け疲れやすい：小さなことにも緊張したり、楽しいことでも疲労を感じたりしてしまう。

— 人の感情に影響を受け共感力が高い：他人との境界があいまいで自分のことのように感じてしまう。

— あらゆる感覚がするどく刺激に反応する：多すぎる視覚情報、音が混じり合う、感触や匂いなど五感が鋭い。

アーロンによると、この4つにすべて当てはまる人がHSPとされています。ひとつでも当てはまらないものがあるならば、HSPではなく内向的な性格とされます。

豆　知　識

アーロンが作成した診断テストによると、痛みやカフェインに敏感、想像力が豊かで空想しがち、やること（タスク）が多いと混乱する、芸術に深く心を動かされる、生活に変化があると混乱する、子どものころから敏感・内気などといわれていた、動揺することをできるだけ避けられないかと気にしている、ストレスを感じると刺激の少ない場所に引きこもる、自分のまわりでいろいろなことが起こりすぎると神経が昂る。これらの傾向があるとHSPの可能性があるといいます。

あなたはHSP？

敏感さ、繊細さは、誰もがもっているものですが、HSPなのか、すこし敏感で繊細なだけなのか、そこに違いはあるのでしょうか。明確な線引きはそこにはありません。アーロンが作成した診断テストでHSPなのかどうかは確認することができます。

HSPが苦手なことには、典型的な傾向があります。満員電車や人混み、工事の音や大声などの騒音、威圧的な人や意味のない雑談やもめごとなどが苦手な傾向、これらがあると、HSPの可能性があります。

HSPは、他人への共感力が高く空気が読める、読みすぎてしまう人です。共感力が高いため、適切なタイミングで発言や行動をするのでセルフ・モニタリング能力が高いといえます。

セルフ・モニタリングとは、心理学者のマーク・スナイダーが提唱した考え方で、自分と周囲の関係を自分でモニタリング（監視）することです。そうすることで、その場で必要とされる言動をとることができる、つまり空気が読めるということになります。

HSPとうまく付き合う

HSPは病気ではなく生まれつきのものなので、克服をするのではなく、うまく付き合っていくというスタンスが大切です。

刺激に対して過剰に反応してしまうので、刺激を避けるようにします。苦手と感じる人とは無理に仲よくなろうとせず、負担となる相手やイベントなどとは距離を置きましょう。

また、自然体でいられる環境が大切なので、他人と関わらないひとりの時間をもつのもよいでしょう。自分の感情を抱え込んでしまうところがあるので、紙に書き出したりして吐き出すようにします。

PSYCHOLOGY

PART **5**

脳科学が明らかにするもの

脳は、私たちにとって今やブラックボックスではありません。神経生物学と磁気共鳴画像法の発展により、私たちの思考の源泉である脳の観察が可能となったことで、心理的なメカニズムをさらに深く理解できるようになったのです。

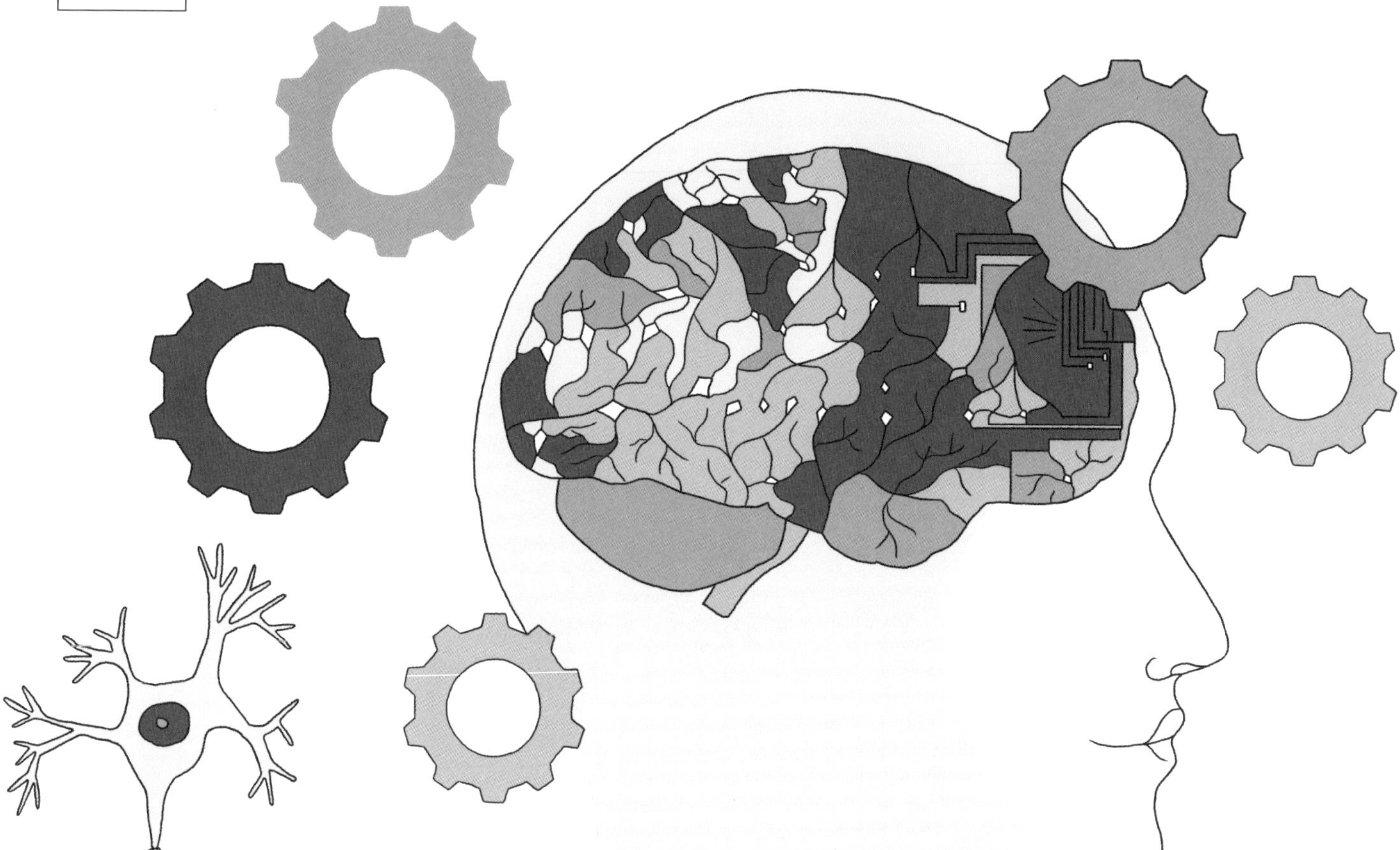

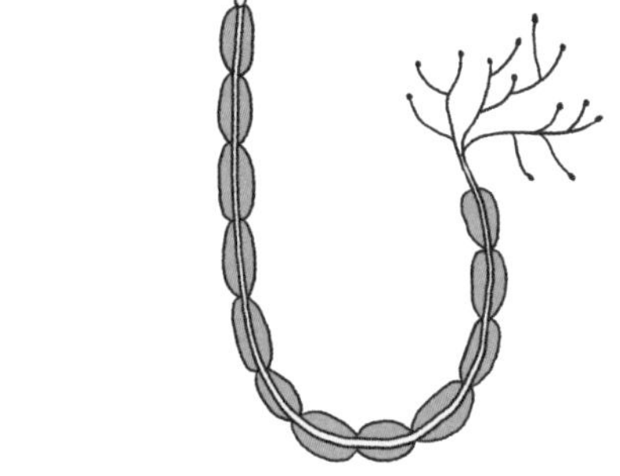

「ニューロン人間」

1983年、パスツール研究所の神経生物学部長ジャン＝ピエール・シャンジュー（1936年〜）が書いた『ニューロン人間（*L'Homme neuronal*）』は、大反響をよびおこしました。シャンジューは、心理的な現象は大脳のメカニズムの結果であると考えました。

彼は、人間の思考の発達において、神経系の基本的な細胞であるニューロンが重要な役割を果たしていることを明らかにしたのです。理想的なかたちに発達した脳には860億個のニューロンがあるといわれています。

画像から明らかになること

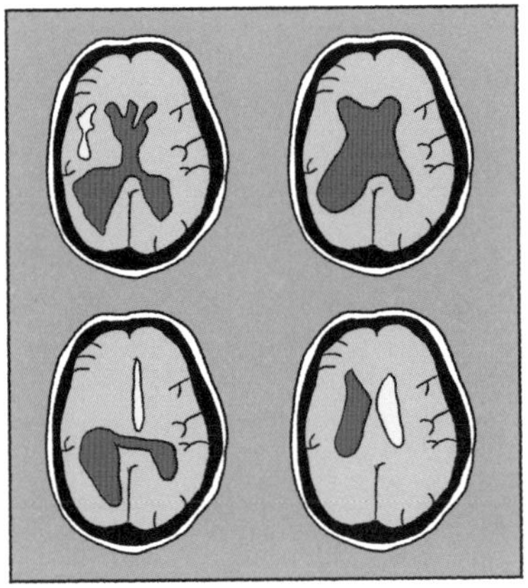

1990 年代には磁気共鳴機能画像法（fMRI）という技術が開発され、脳の活動がどの部位で起こっているのかを画像として表すことが可能になりました。

この技術により、脳には可《か》塑《そ》性《せい》（活動に応じて神経回路網の構造と機能を変化させる性質）があること、幼少期だけではなく大人になってからも本人の発達、学習、環境に応じて進化すること、意識は互いに離れた位置にある複数の大脳領域の間で行なわれる豊かで複雑なコミュニケーションによって特徴づけられること、神経科学において無意識が占める位置は計り知れないものであることなどがわかりました。

無意識の領域には潜在的な知覚やオートマティスム（筋肉性自動作用）、解釈なども含まれます。現在では、このような無意識には予測的な側面があり、実際に行動するための準備がそこで行なわれているとも考えられるようになりました。無意識は意識と対立するものではなく、むしろ意識と協力しているのです。

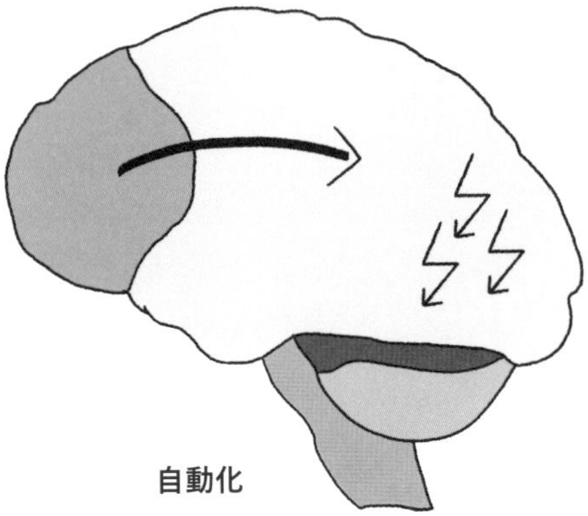

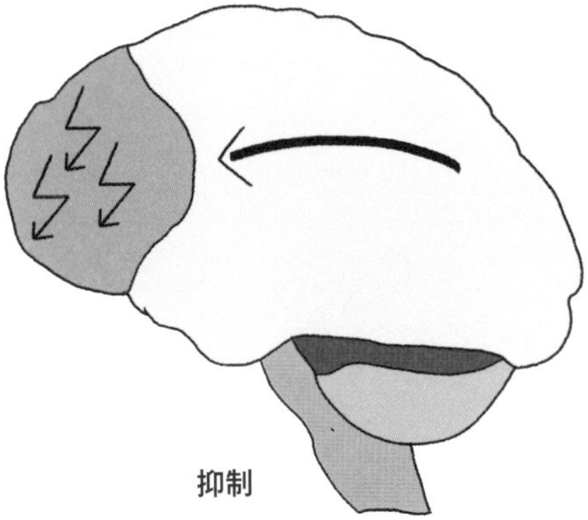

これまでとは異なる学習法

学習する際の脳を観察してきた神経科学者は、学習には次の 2 つの方法があることを明らかにしました。
—自動化：知識を蓄え、記憶し、反復する学習方法。
—抑制：自動化の誘惑に抵抗し、学んだルールに機械的に当てはめることなく、思考の柔軟性と創造性を発展させる学習法。

これまでは自動化による教育方法が好まれていましたが、現在では抑制の技術を用いた学校での学習法を開発する研究も進められています。

催眠療法、幻想的な治療法の将来

催眠状態とは計り知れないほどの潜在的効果をもつ一定の意識状態のことであり、この状態を利用する催眠療法は、世界で最も古くから行なわれてきた治療法のひとつです。催眠療法の効果が期待できる症状には、不安、依存症、閉塞感、恐怖症、苦悩などが含まれます。

催眠状態とはどんな状態か

電車やバス、飛行機などに乗ったとき、曇った窓ガラスに額を押し当てながら何もせず、また何も考えずにいたことがあると思います。私たちがおそらく1日に何回か陥っているこのような状態が、催眠状態です。

催眠には潜在的な効果があるといっても、自分の内に根をはり、蝕む具体的な問題を解決したり、事態を好転させたりすることができるわけではありません。催眠を治療法として用いるためには専門家の助けを借り、その監督のもとで自分の意志を排除して無意識の扉を開くことが必要なのです。

何もできなくなった人間に残るものとは

どうすれば催眠状態に入ることができるのでしょうか？　哲学者でセラピストのフランソワ・ルスタンはそのための方法をいくつか例示しています[1]。

たとえば、治療者はある1点を見つめるよう患者に指示することで、何も見ていない状態へと患者を導くことができます。また、「催眠状態に誘導するということは、患者に何もさせないようにすること、患者に何もできない状態を体験させることなのです。（中略）このような何もできなくなる状態を経験することこそが驚くような効果をもたらすのです」とルスタンは説明しています。

1『*Psychologies*（サイコロジーズ・マガジン）』347号、2015年1月

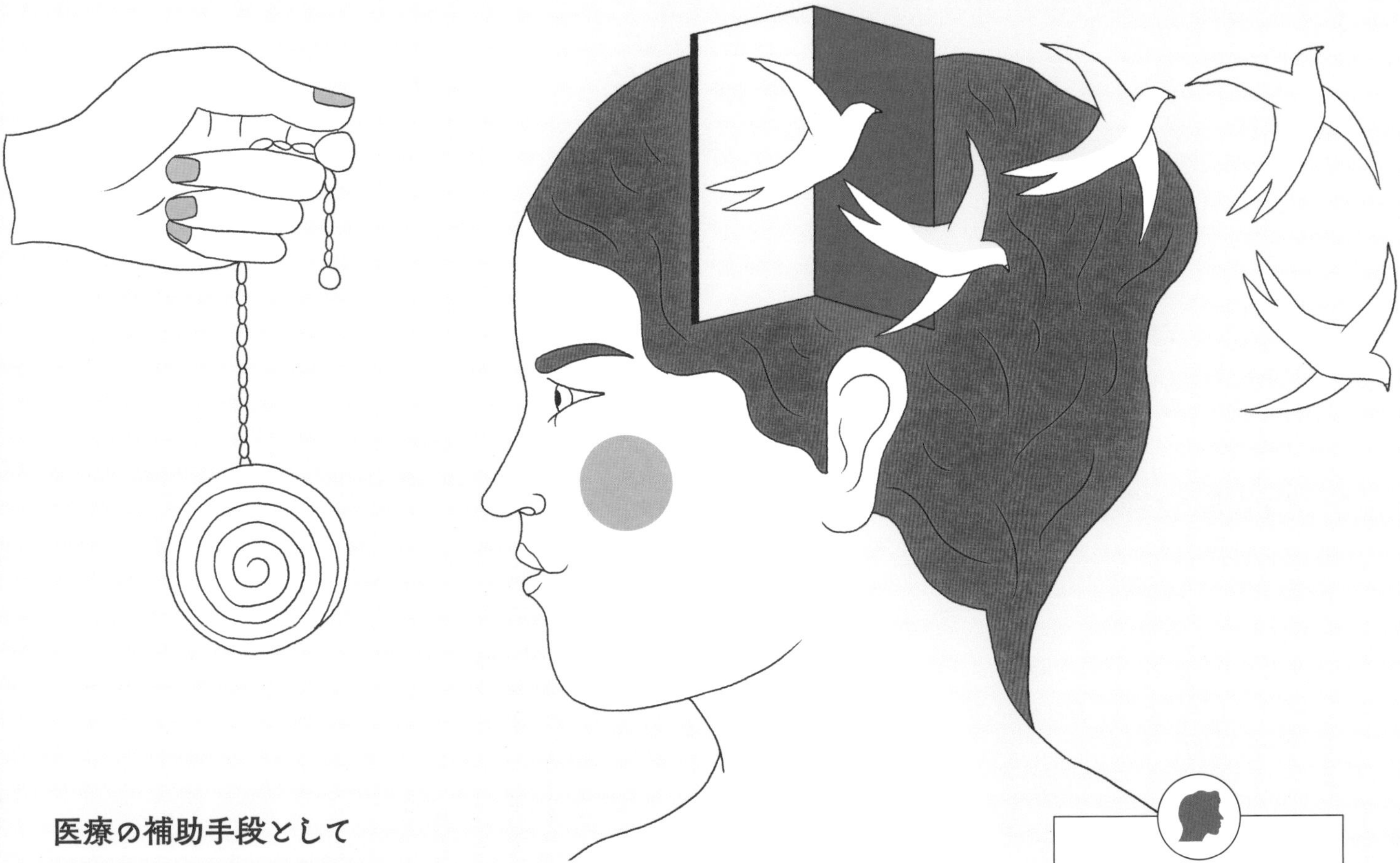

医療の補助手段として

催眠療法は恐怖症、依存症、睡眠障害、摂食障害、神経症などの精神疾患に対して高い治療結果をもたらしています。また、不安神経症や周術期（手術の前・中・後）の痛みに対しても効果が期待できます。

麻酔科で集中治療医でもあるカトリーヌ・ベルナールは、「MRIやその他の放射線検査に関連して生じる激しい不安を鎮めるために催眠療法を利用することがある」と説明しています。「催眠療法により痛みの感覚に変化が生じることによって、痛みの強さやその感情面での影響を軽減できる。また、催眠療法は、患者が自分自身の資質に気づき、これによって患者の行動に変化をもたらすことが可能となる。神経が多くある部分を切開するような、繊細な手術を行なう際には、麻酔薬の補助として催眠療法を使用している[2]」。ベルナールによれば、麻酔薬の補助として現在ではVRヘルメットも利用されるようになっており、これにより催眠療法の技術はさらに改善されたといいます。

2『*Psychologies*（サイコロジーズ・マガジン）』396号、2019年4月

豆　知　識

現実と空想との境界が曖昧になっている幻覚障害の患者に対しては、催眠療法は使ってはいけないものとされています。これは、催眠状態に陥ることで彼らが精神疾患を発症し、周囲の世界から切り離されてしまう危険性があるからです[3]。

3『Psychologies（サイコロジーズ・マガジン）』351号、2015年5月

PSYCHOLOGY

PART 5

疑問視される精神分析学

一部の書籍やドキュメンタリー、攻撃的な記事など、フロイトが生み出した学問に対する批判はあとを絶ちません。これらの批判が正当な場合もありますが、私たちの心に対する精神分析学のアプローチは重要なものであり、現在でも更新され続けています。

時代遅れの理論？

かつてはもてはやされていた精神分析学ですが、今では多くの非難を浴びています。歴史家のエリザベート・ルディネスコ（1944年〜）は、精神分析家自身に責任があるといい、「精神分析家たちは教育の内容も二元論的な歴史観も変えることなく、被害者面をしながら自分たちの要塞に閉じこもっている」とインタビュー[1]で語っています。

現代では、精神分析学の理論の多くは、時代遅れになっているように思われます。スペイン出身の哲学者パウル・B・プレシアード（1970年〜）は、「ジェンダーや性の問題について、精神分析家は同性愛、エディプス・コンプレックス、ヒステリー、不感症などといった19世紀の分類や診断に基づいて議論している。（中略）精神分析家の知識体系は家父長制を支持するものであり、また男尊主義に基づくものである」と述べて、精神分析学を非難しています[2]。

1 https://www.liberation.fr/debats/2020/02/07/elisabeth-roudinesco-dolto-foucault-matzneff-on-ne-fait-plus-la-difference-entre-pedophiles-et-pense_1777642/
2『*Psychologies*（サイコロジーズ・マガジン）』411号、2020年7月

精神分析は「効果のない」治療法か？

精神分析家の批判は、厳格で罪悪感を煽《あお》るような治療者の態度、苦しんでいる患者にとって残酷と感じられるような沈黙、金に目がくらんで短縮される面談、面談中に患者の陰でこっそり私用メールを送信するなどです。嫌われ者の精神分析家に対しては、このような非難が向けられているだけでなく、その治療には効果があるのかという疑問がもたれています。2004年にフランス国立衛生医学研究所（Inserm）が発表した報告書には、「精神分析に有効性があることを裏付ける根拠はない」という結論が記載されています。もっとも、このような報告書の結論に対しては、これを見直す作業も行なわれています。

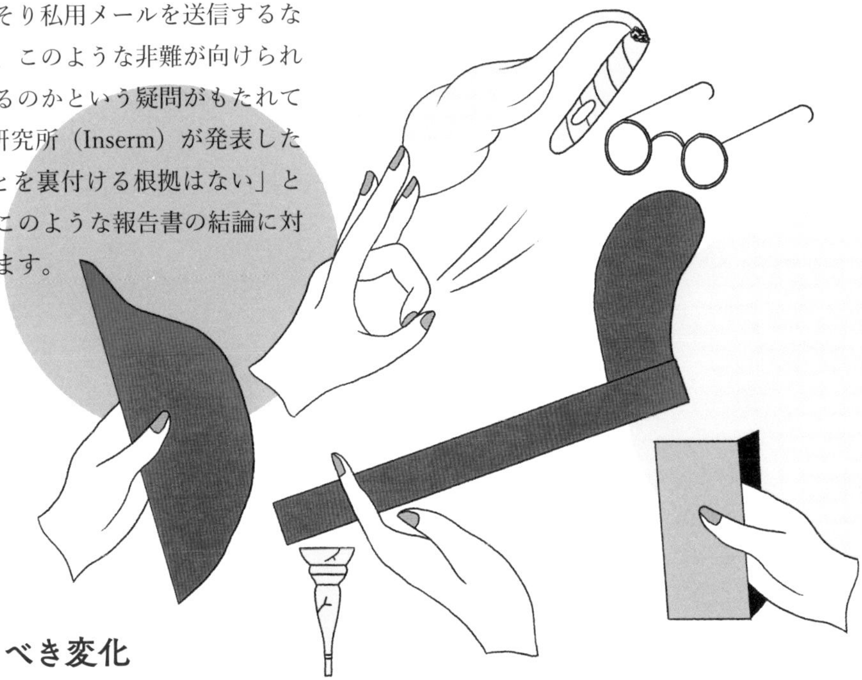

豆知識

ハンガリーの精神分析家シャーンドル・フェレンツィ（1873年～1933年）は、最も共感的なアプローチであるとして精神分析に賛同しています。「患者を本当に愛することができないのであれば、精神分析は決して成功することはない。どの患者も虐待された不幸な子どもと同じように配慮や治療を受ける権利があるのだ」とフェレンツィは自身の臨床日誌に記しています[4]。

4 ブノワ・ペータース『Sándor Ferenczi（シャーンドル・フェレンツィ）』からの引用、フラマリオン社、パリ、2020年

来たるべき変化

19世紀に遡る精神分析のいくつかの概念は、民間療法のように思えるかもしれません。しかし、精神分析は対面式、グループセラピーの導入のような技術的進歩を遂げてきました。

さらに、治療の内容という点から見ても、精神分析は精神医学の中でユニークな存在であり続けています。精神分析は、「出来事を言葉にするのを手助けをしてくれる」他者に向かって自らの体験を語ることで、自分の存在を自分自身のものとする機会を患者の一人ひとりに与えてくれるのです。

表立った動きは見えにくいかもしれませんが、思想家や臨床医たちは精神分析の将来像について検討しています。たとえば、フロイト精神分析協会（SPF）の副会長を務める哲学者で精神分析家のモニク・ダヴィド＝メナール（1947年～）は、SPFの数人の研究者とともに「精神分析の新たな実践方法を考案し」「つながりを再考する」ための活動を始めています[3]。

3『*Psychologies*（サイコロジーズ・マガジン）』419号、2021年3月

PSYCHOLOGY

PART 5

精神疾患の治療における新たな状況

デジタル画像技術の進展研究の結果、精神科医は対面ではなく、音声通話やVR技術を用いた面談を行なうようになってきています。また、エキスパート患者とよばれる患者たちは自分たちで力を合わせて精神疾患を克服しようとしています。精神疾患の治療は変化しているのです。

科学技術が検証する心理療法の有効性

心理状態や感情、意識、集中力、知覚は、身体を通して経験され、身体によって変容・進化させることができます。このような東洋的、とりわけ仏教的な考え方の妥当性が、脳科学によって立証されてきています。呼吸法、マインドフルネス、瞑想などの効果についても科学的な観察研究を行なうようになりました。

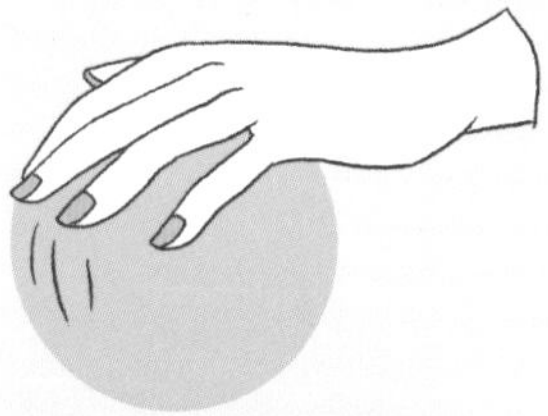

たとえば、1987年にアメリカの心理学者フランシーン・シャピロ（1948年～2019年）が偶然発見したEMDR（眼球運動による脱感作と再処理法）という治療法についても科学的な分析が行なわれています。EMDRは、眼球運動（患者は左右に動くセラピストの指を目で追う）やタッピング（膝をたたくこと）により、患者のトラウマとなっている記憶の影響を緩和させるというものですが、研究の結果、このことが記憶や感情と関連する脳の部分に働きかけていることがわかりました。

オンライン治療の利点

新型コロナウイルスの流行による行動制限は、長い間変わらなかったルールを打ち砕きました。治療者は自分たちの治療法が理論的・臨床的に正しいか再検討しています。

診療の形式や内容も変化しつつあります。ゲシュタルト療法家で最近ではオンライン療法家に転身したセシル・ゲレは、モニター上の患者がどのような角度から画面を見ているのかに興味をもちながら診療しています[1]。

ゲレは、「自分のことを見るのをやめられない人もいれば、それとは逆に自分を見ることに耐えられない人もいることがわかった。また、私たちはお互いに質問をしあうようにもなった。こういうことは従来のクリニックでの診療ではできなかった」と語っています。孤独な患者、恐怖症の患者、非常に内気な患者にとって、オンライン診療には利点があります。彼らは自宅の安心した環境の中でオンライン治療を受けることができるのです。これまで1度も語ることのできなかった辛い出来事や自分のセクシュアリティについて思い切って話し始めた患者もいるといいます。

1『*Psychologies*（サイコロジーズ・マガジン）』419号、2021年3月

エキスパート患者の時代

頭部に電極を装着したりMRIを用いたりして脳の中で何が起こっているかを患者自身が観察できる技術（ニューロフィードバック）のおかげで、現在では自分で脳の活動を制御したり、必要に応じて対象となる領域の脳活動を増減させたりすることで、気持ちを落ち着かせたり不安を和らげたり、集中したりすることができるようになりました。これは神経科学研究によってもたらされる重要な成果のひとつです。

一般の人々はまだこの技術を利用することができませんが、パラダイムシフトが起こっていることは明らかです。エキスパート患者、つまり自分の症状をきちんと理解した専門家のような患者の時代が到来したのです。「自分の身に起こっていることを前にして、もう受け身ではいられない」という共通の思いから、同じ精神疾患をもった患者たちが次々に自助ネットワークを構築しています。

豆　知　識

「心理療法」という言葉は、1872年に出版されたイギリスの医師ダニエル・ハック・トゥーク（1827年～1895年）の著書の中で初めて登場しました。トゥークはこの著書の中で、心が身体にどのように作用するかについて説明しています。現在では400種類以上の心理療法があるとされています。

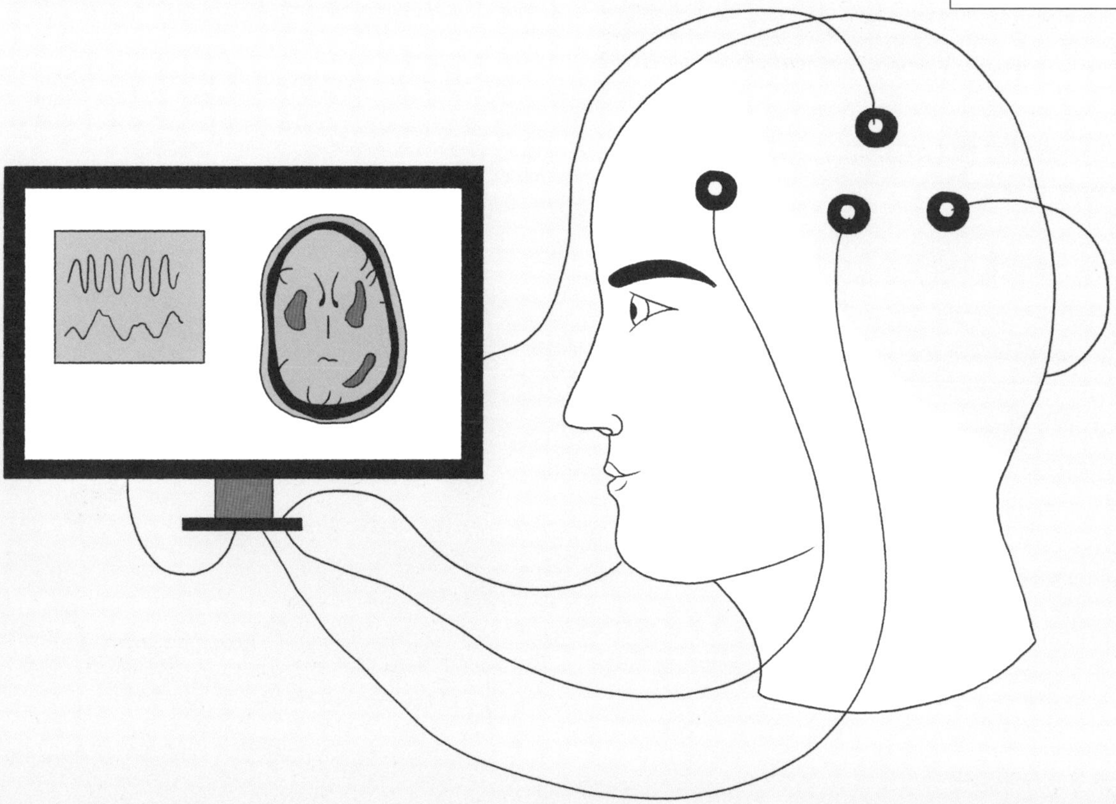

Q & A

最後に、日常で使える心理テクニックをＱ＆Ａ形式で紹介します。

Q 初対面の相手に良い印象を与えるには？

A 「初頭効果」と「ハロー効果」があります。

心理学では、「初頭効果」といいますが、第一印象がその後も相手のイメージに大きく関わることがわかっています。心理学者アッシュが行なった実験では、ふたつのグループにある人物の性格リストをそれぞれ良い順と悪い順に読み上げ、その後人物の印象について調べました。すると最初に聞かされた性格の印象がみな強く残ることがわかりました。

また、目立った印象があるとその人物の評価が全体的に高くなるという「ハロー効果」もあります。たとえば、きちんとしたスーツを着こなす身だしなみが整った人は仕事ができるなどのイメージをもたれやすくなります。

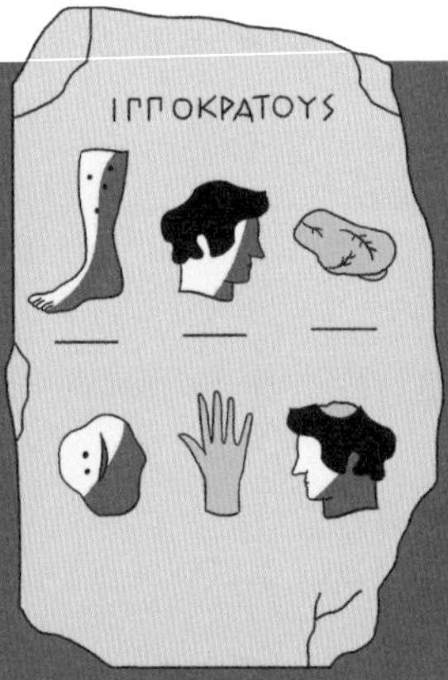

Q 「自分だけ損している」と思うのはなぜですか？

A 「自己中心性バイアス」により、自分のことを過大評価しがちです。

人は、過去の事実を都合のよいように変えて、他人より自分のほうがよくやっていると過大評価することが心理学者ロスの実験でわかりました。無意識のうちに、他人の評価を低くしているのです。たとえば、夫婦でどちらが多くの家事を担当しているかでケンカになったり、仕事の貢献度の高さでチーム内でもめたりするケースなども、「自己中心性バイアス」が関係しています。

自分と他人の成果を数値などで明確化したり、第三者の目線で比較をしたりすることで、自己中心性バイアスを減らすことができます。

Q なぜ人はSNSで、つぶやきたくなってしまうのですか？

A 他人に認めてもらいたいという「承認欲求」が関係していると考えられます。

承認欲求とは、赤ちゃんのころから備わっているもので、親に褒められたい、もっと褒められたいという気持ちからさらにがんばる、仕事で業績をあげてまわりに褒められたいなどという性質です。多くの人に注目してもらえるSNSでは、その承認欲求が簡単に満たされます。そのためもっともっと注目されたいという欲求が強くなり、自分の投稿に反応がないと不安に感じ、評価を求めて過剰な投稿をするなどのSNS依存症になる可能性もあります。そのときはSNSから離れるという方法が一番効果的です。

Q 交渉をするときに使える心理テクニックはありますか？

A 交渉ごとに使える心理学テクニックはいくつかあります。

現実的ではない大きな要求を先に伝え、断られたらそれよりも実現しやすい小さな要求を伝える「ドア・イン・ザ・フェイス」という方法や、極端にハードルの低い要求をする「イーブン・ア・ペニー・テクニック」という方法があります。さらに、おまけをつけてお得感をもたせる「ザッツ・ノット・オール・テクニック」という方法もあります。これは相手が判断を迷っているときには決め手になったりするので効果的です。

Q 考えないようにしているのに、より考えてしまうのはなぜですか？

A 考えないようにしていることで、かえって意識してしまう「皮肉過程」の理論があります。

心理学者ウィグナーは、シロクマ記憶実験を行ないました。シロクマの映像を見たあと、シロクマのことを考える、考えない、どちらでもよいと伝えたところ、考えないでといわれたグループが一番よくシロクマについて覚えていたことがわかりました。この皮肉な結果は「皮肉過程」と呼ばれます。考えないでといわれると、考えていないかをチェックするために意識してしまい、忘れられず覚えているのです。

Q 人と仲よくなるための方法はありますか？

A 「自己開示」や「ネームコーリング」をすることで、相手が好意を抱きます。

仲よくなりたい、恋愛関係に発展させたいときには、自分の内面を相手に打ち明ける「自己開示」をしてみましょう。自己開示をすることで、相手にとって特別な存在と思わせることができます。人はプライベートな情報を知ることで、相手に好意を抱きます。好意を抱くと、自分も自己開示をしようという気持ちになります。プライベートな情報は、ありのままのものを伝えるのがいいでしょう。自分をこう見せたいという目的で伝えると、自慢と思われて好意は得られません。

また、「ネームコーリング」は相手の名前を呼ぶこと。自分の名前を呼ばれると、特別感を覚えて心地よくなるものです。名前で呼びかけたり、会話の中に相手の名前を入れると好感度がアップします。

Q ストレスを回避する方法はありますか？

A 「ペルソナ・ペインティング」を利用してみましょう。

上司などに怒られてイライラして、ストレスを感じてしまう。そんなときには、「ペルソナ・ペインティング」とよばれる方法を試してみましょう。心理学者ユングは、人はペルソナという仮面を場面で使い分けているといっています。別人格になりきって、ストレスを感じるときは、受け流してみましょう。平常心を保つことができます。

Q 占いが当たるのはなぜですか？

A 自分に当てはまると思ってしまう「バーナム効果」です。

血液型占いなど科学的な根拠のない占いが、当たると思うのはバーナム効果のためです。人は誰にでも当てはまるようなことを言われても、自分のことだと思い込んでしまう傾向があります。「マイペースなところがありますが、几帳面な面も持ち合わせています」「明るく慕われる性格ですが、本当はさみしがり屋で、人に頼りたいと思っています」。人の性格には、そもそも二面性があるので、当たっているように聞こえるのです。

また、自分が知っている自分の情報を再確認する「自己確認」、自分が知らない自分の情報を知る「自己拡大」、自分に関する情報を知り満足したい「自己認知欲求」が、占いに関わっています。自分の知らない自分を占いで知ることで大きな満足度を得ることができるので、占いは人気があるのです。

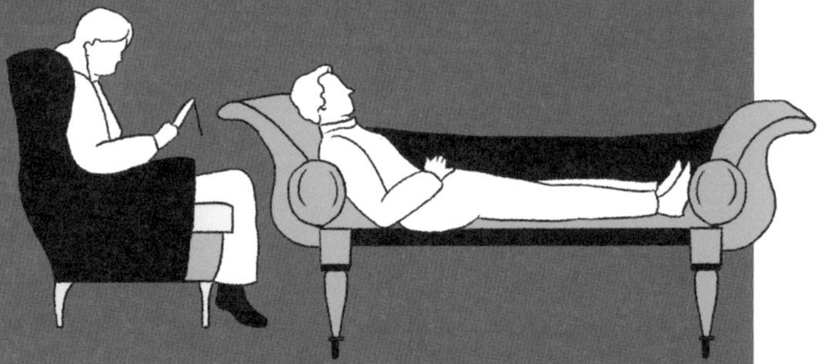

Q 人の記憶は あいまいなものなのですか？

A 都合のよいように記憶を変えてしまうことがわかっています。

心理学者アーメンダリッツらによると、他人から受けた親切より、他人にしてあげた親切のほうが平均して35倍も多く覚えていたとのことです。

また、意図的に嘘の記憶を植え付けることもできます。実際に起きていないことを、事実として記憶してしまう、虚偽記憶というものがあります。心理学者ロフタスが、意図的に嘘の記憶を実験で伝えたところ、被験者の25％が嘘の記憶を本物と答えました。人の記憶は実は、あいまいなものなのです。

Q デマはなぜ 拡散してしまうのですか？

A 「カリギュラ効果」「因果スキーマ」「多元的無知」などが原因です。

根拠のないデマが拡散し、問題になることが多くあります。昨今は、SNSの普及により、その拡散のスピードは速くなっています。

「ここだけの話だから、他に言わないで」と言われると、つい言いたくなるのが「カリギュラ効果」です。自由を制限されると反発したくなるのが人間です。

「あの人、怒っているし短気な人なんだな」とその人の一部しか見ていないのに、自分の経験と知識とで勝手に思い込んでしまうのが「因果スキーマ」です。

「あの話はデマだと思うけど、他の人が信じているだろうから合わせておこう」と、周囲に合わせて行動することを「多元的無知」といいます。

Q 怖いと思いつつ、つい怖い体験を したくなるのはなぜですか？

A 不安や恐怖は、興奮に逆転するからです。

心理学者レグランドの実験によると、人は不安や恐怖などが高いほど、ドキドキし興奮してしまうことがわかりました。これが「リバーサル逆転論」です。不安などのマイナス状態から解放されると、興奮度は高くなるのです。興奮を得られることで快楽度が上がり、ドキドキ感があるので、つい怖い体験をしたくなるのです。

INDEX

用語索引

あ

か

さ

た

な

は

ま

や

ら

人名索引

あ

か

さ

た

参考文献

Pour en savoir plus sur l'histoire de la psy

Comte-Sponville André, *Du tragique au matérialisme (et retour), vingt-six études sur Montaigne, Pascal, Spinoza, Nietzsche et quelques autres*, PUF (2015) ;

Gaspati Ilaria, *Leçons sur le bonheur*, PUF (2020) ;

Hochmann Jacques, *Histoire de la psychiatrie*, Que sais-je, PUF (2017) ;

Houdé Olivier, *Histoire de la psychologie*, Que sais-je, PUF (2018) ;

Pigeaud Jackie, *La Maladie de l'âme*, Les Belles Lettres (1981) ;

Quétel Claude, *Histoire de la folie*, éditions Tallandier (2020) ;

Scull Andrew, *Madness in Civilization*, Princeton University Press (2016).

Pour en savoir plus sur la psychologie clinique, la psychanalyse et les neurosciences

Bergeret Jean, *La Personnalité normale et pathologique*, Dunod (2021) ;

Canguilhem, *Le Normal et le Pathologique*, PUF (2013) ;

Damasio, Antonio, *Sentir et savoir, une nouvelle théorie de la conscience*, Odile Jacob (2021) ;

Freud Sigmund, *Psychopathologie de la vie quotidienne*, Payot (2001) ;

Janet Pierre, *La Haine et l'Amour*, Rivages (2019) ;

Naccache Lionel, *Le Cinéma intérieur*, Odile Jacob (2021) ;

Pontalis Jean -Bernard et Laplanche Jean, *Vocabulaire de la psychanalyse*, PUF (2007) ;

Vanier Alain, *Une introduction à la psychanalyse*, Armand Colin (2018) ;

Winnicott Donald W., *La Capacité d'être seul*, Payot (2015) ;

Winnicott Donald W., *Jeu et réalité*, Gallimard (2002).

Pour en savoir plus sur les souffrances, les traitements et les prises en charge

Bowlby John, *Attachement et perte*, PUF (2002) ;

Caire Michel, *Soigner les fous*, Nouveau Monde (2019) ;

Del Volgo Marie-José, *Le Soin menacé*, Éditions du Croquant (2021) ;

Eiguer Alberto, *Le Pervers narcissique et son complice*, Dunod (2012) ;

Estellon Vincent, *Les Folies compulsives*, Dunod (2016) ;

Freud Sigmund, *Inhibition, symptôme et angoisse*, PUF (2016) ;

Freud Sigmund, *Deuil et mélancolie*, Payot (2010) ;

Gori Roland, *Logique des passions*, Flammarion (2010) ;

Gourion David, *La Fragilité psychique des jeunes adultes*, Odile Jacob (2015) ;

Marc Edmond, *Guide pratique des psychothérapies*, Retz (2008) ;

Roustang François, *Qu'est-ce que l'hypnose ?*, Éditions de Minuit (1994).

PROFILE

著者

エレーヌ・フレネル

『Psychologies（サイコロジーズ・マガジン）』のジャーナリスト兼記者（2008年以降）。大学で文学とジャーナリズムを学んだ後、心理学と精神分析学を学ぶ。喜び、複雑さ、苦しみといったものを、社会がどのように考えどのように扱っているのか、あるいはいないのかなどといった精神生活に関するありとあらゆることを研究する。また、その他の研究やエッセイの執筆、テレビドキュメンタリーの制作も行なう。

イラスト

ソフィー・デラ・コルテ

イラストレーター、グラフィックデザイナー。大学ではグラフィックデザインを学ぶ。繊細なイラストによって大胆なイメージを提示することを信条としながら、観る人によるイラストの解釈やその一貫性に注意を払うことにより、観る人とイラストとのインタラクションを生み出してきた。図形とモチーフとが組み合わされたその作品は、アンビバレントな風景を生み出しつつ、解釈の余地を多分に残した物語の輪郭を想起させる。

監修者

齊藤勇｜さいとう　いさむ

文学博士。立正大学名誉教授。日本ビジネス心理学会会長。早稲田大学大学院文学研究科博士課程修了。専門は、対人・社会心理学。『イラストレート心理学入門』『イラストレート人間関係の心理学』（ともに誠信書房）、『イラスト＆図解知識ゼロでも楽しく読める！ 心理学』（西東社）など著書、監修書多数。

謝　辞

辛抱強く、そして細心の注意をもって原稿に目を通し、豊かな知識とともに何度も読み返してくださったシビル・ドゥ・フォカンベルジュ、パトリシア・サルモン・ティラール、フランソワ・キュエル、ファニー・エコシャール、ステファン・ローザ、また解剖学・精神病理学・臨床に関する詳細な情報や専門知識、また助言をくださったピエール＝ルイ・フレネル博士、ジャック・ダヤン博士、サミュエル・ドック博士に感謝の意を示します。また、本書の内容は故アンヌ・デュフールマンテルとの交流により豊かなものとなりました。彼女にも謹んで感謝申し上げます。

Imprint LA MAISON HACHETTE
58, rue Jean Bleuzen – 92178 Vanves Cedex
www.hachette-pratique.com

Direction Hachette Pratique : Catherine Saunier-Talec
Responsable d'édition : Stéphane Rosa
Responsable de projet : Fanny Ecochard-Martin
Responsable artistique : Cécilia Rehbinder
Conception graphique, illustrations et mise en pages : Sophie Della Corte
Préparation de copie : Céline Derouet
Relecture : Amélie Poggi
Fabrication : Aude Cauchet
Responsable communication : Johanna Rodrigue
Responsable partenariats : Dana Lichiardopol
(dlichiardopol@hachette-livre.fr)

日本語版制作スタッフ

監修　齊藤勇
翻訳　檜垣裕美
翻訳協力　株式会社トランネット（https://www.trannet.co.jp）
デザイン　白畠かおり
校正　有限会社玄冬書林
編集協力　石島隆子

内容に関するお問い合わせは
小社ウェブサイトお問い合わせフォームまでお願いいたします。
ウェブサイト　https://www.nihonbungeisha.co.jp/

「心《こころ》のしくみ」を読《よ》み解《と》く ビジュアル心《しん》理《り》学《がく》図《ず》鑑《かん》

2022年12月20日 第1刷発行

著　者　エレーヌ・フレネル
監修者　齊藤勇
発行者　吉田芳史
印刷所　株式会社文化カラー印刷
製本所　大口製本印刷株式会社
発行所　株式会社 日本文芸社
〒100-0003
東京都千代田区一ツ橋1-1-1　パレスサイドビル8F
TEL 03-5224-6460（代表）

Printed in Japan 112221212-112221212 Ⓝ01（310087）
ISBN978-4-537-22057-5
URL https://www.nihonbungeisha.co.jp/

P12,28,42,72,96,102～105,114～117は日本語版オリジナルページです。
【オリジナルページの参考文献】
『イラストレート心理学入門』齊藤勇著（誠信書房）
『イラスト＆図解 知識ゼロでも楽しく読める！心理学』齊藤勇監修（西東社）

（編集担当 前川）